Okko Herlyn
Was ist eigentlich evangelisch?

Okko Herlyn

Was ist eigentlich evangelisch?

Eine Orientierung

Dieses Buch wurde auf FSC®-zertifiziertem Papier gedruckt. FSC® (Forest Stewardship Council®) ist eine nichtstaatliche, gemeinnützige Organisation, die sich für eine ökologische und sozialverantwortliche Nutzung der Wälder unserer Erde einsetzt.

Bibliografische Information der Deutschen Nationalbibliothek

Die Deutsche Nationalbibliothek verzeichnet diese Publikation in der Deutschen Nationalbibliografie; detaillierte bibliografische Daten sind im Internet über http://dnb.d-nb.de abrufbar.

Norbert Alich/ Jürgen Becker: Ich bin so froh, dass ich nicht evangelisch bin
© Rechte bei den Autoren
Franz-Josef Degenhardt: Deutscher Sonntag, aus: ders., Spiel nicht mit den Schmuddelkindern, 1967 © Rechte bei den Rechtsnachfolgern
von Franz-Josef Degenhardt
Hanns Dieter Hüsch: Den möcht ich sehn ..., 1978
© Rechte bei Christiane Rasche-Hüsch
Alle Bibelverse sind entnommen aus: Lutherbibel, revidierter Text 1984, durchgesehene Ausgabe © 1999 Deutsche Bibelgesellschaft, Stuttgart

3. Auflage 2016
© 2015 Neukirchener Verlagsgesellschaft mbH, Neukirchen-Vluyn
Alle Rechte vorbehalten
Umschlaggestaltung: Andreas Sonnhüter, www.sonnhueter.com,
unter Verwendung eines Bildes von © fastfun23 / shutterstock.com
Lektorat: Ekkehard Starke
DTP: Breklumer Print-Service, breklumer-print-service.com
Verwendete Schriften: Eurostile, Adobe Garamond Pro
Gesamtherstellung: Pustet, Regensburg
Printed in Germany
ISBN 978-3-7615-6241-3 Print
ISBN 978-3-7615-6242-0 E-Book

www.neukirchener-verlage.de

Inhalt

I. Was ist eigentlich evangelisch? Gute Frage — 9

1. „Dann geht's ja noch" — 9
2. Sich auf die Suche machen — 10
3. Keine Nostalgie — 12

II. „Evangelisch" kommt von „Evangelium" — 15

1. Ein paar Worterklärungen — 15
2. Ein kleiner Blick zurück — 18
3. Ein vorläufiges Fazit — 20

III. Die Bibel aufschlagen — 23

1. Wo anfangen, wo aufhören? — 23
2. Hineininterpretieren, was man will? — 26
3. Keine falsche Scham — 30

IV. Einem Anderen angehören — 33

1. „Think pink"? — 33
2. Die Wahrheit: ein Name — 34
3. Ein mitunter brisantes Bekenntnis — 35

V. Befreit aufatmen   39

    1. Ein merkwürdiger Eindruck   39
    2. Luthers Entdeckung   41
    3. Ein empfindlicher Nerv   43

VI. Einfach glauben   47

    1. „Manche Sachen, die wir getrost belachen"   47
    2. Sich vertrauensvoll einlassen   49
    3. Keine Geschäftemacherei   51

VII. Glauben und Verstehen   53

    1. Ein Rest Romantik?   53
    2. Vertrauen und Erkennen   57
    3. Den Verstand in Anspruch nehmen   59

VIII. Nüchtern fromm sein   63

    1. Ein Wort, das keinen besonders guten Ruf besitzt   63
    2. Ein paar historische Hintergründe   65
    3. Ein neues Zauberwort: „Spiritualität"   66
    4. „Meine Augen sehnen sich nach deinem Heil"   69
    5. Auf der Suche nach einer evangelischen Spiritualität   71

IX. Evangelisch beten?   75

    1. „Jetzt hilft nur noch beten"   75
    2. Eine andere Gebetslogik   76
    3. „Nötig" statt „nützlich"   80

X. Gutes tun – aber warum nur? — 85

1. „Leistung muss sich wieder lohnen" — 85
2. „... dass ich in den Himmel komm" — 87
3. „... sorglose und verruchte Leute"? — 91
4. Eine ernste Verantwortung — 95

XI. Gottesdienst — 99

1. Ein buntes Sammelsurium? — 99
2. Biblische Auffälligkeiten — 102
3. „Gottesdienst" so oder so herum gelesen — 106
4. Fragen, mit denen man sich beschäftigen sollte — 108

XII. Die evangelischen Sakramente — 113

1. Was ist eigentlich ein Sakrament? — 113
2. Taufe: Eine andere Welt ist möglich — 115
3. Abendmahl: Etwas für unterwegs — 123

XIII. Kirchenmusik – der große Bluff? — 129

1. Fast eine Musikschule — 129
2. Das Geheimnis der Musik — 130
3. Kein Selbstzweck — 132
4. Fragen, die erlaubt sein müssen — 136

XIV. Den Mund aufmachen — 139

1. Zwischen Missionssonntag und „Mission Impossible" — 139
2. „Ich glaube, darum rede ich" — 141

    3. Mission am Gartenzaun   144
    4. Die Stunde des Petrus   152

XV. Kirche von unten   153

    1. Evangelische Umständlichkeit   153
    2. Calvins Impuls   155
    3. Fast revolutionär   160

XVI. Kirche für andere   165

    1. „… dass allen Menschen geholfen werde"   165
    2. „Anwältin der Schwachen"   167
    3. Kirchliche Volkshochschule?   170
    4. „Sucht der Stadt Bestes!"   174
    5. Anders als anderswo   179

XVII. Evangelisch und Humor – eine Zugabe   183

    1. Hauptsache locker?   183
    2. „Narren um Christi willen"   186
    3. Heilsame Entlarvung   188

I. Was ist eigentlich evangelisch? Gute Frage

1. „Dann geht's ja noch"

Wir schreiben das Jahr 1971. Wieder einmal bin ich per Anhalter unterwegs. Von Wesel, meinem damaligen Heimatort am Niederrhein, nach Tübingen, meinem Studienort im Schwäbischen. Zum Teil, weil in jenen Zeiten das Geld wie immer ein wenig knapp ist. Zum Teil aber auch, weil „Trampen" immer so ein wenig den Hauch des Abenteuerlichen hat. In Höhe Bruchsal hält endlich ein Opel Rekord. Ein freundlicher Vertreter Richtung Stuttgart. Immerhin. Wahrscheinlich nimmt er mich mit, weil ihm ein wenig langweilig ist. Schon nach ein paar Minuten sind wir im Gespräch. Was ich denn so machen würde. „Studieren." „Aha. Und was, wenn man fragen darf?" „Theologie." „Katholisch oder evangelisch?" „Evangelisch." „Na, dann geht's ja noch."

Ich weiß nicht, wie oft in meinem Leben ich solche Dialoge – zum Teil wörtlich – geführt habe. Offenbar sind allein die Stichworte „katholisch" und „evangelisch" mit bestimmten festen Vorstellungen verbunden. Katholisch – das ist doch vor allem konservativ, mittelalterlich im Denken, hierarchisch, männerdominiert, moralisierend, sexualfeindlich, rituell erstarrt, politisch eher Mitte-Rechts. Die Kirchen: viel zu viel Prunk und Protz. Und vor allem: „Die

Priester, die dürfen ja nicht heiraten." Furchtbar. – Evangelisch – das ist dagegen doch viel moderner, aufgeklärter, demokratischer, lebenszugewandter, emanzipierter, in Sexualfragen freier, politisch eher links-liberal. Die Kirchen: wohltuend nüchterner und bescheidener. Und vor allem: „Bei euch dürfen ja auch die Pfarrer heiraten." Außerdem muss man als Protestant zum Glück nicht jeden Sonntag in die Kirche rennen wie bei den Katholiken. Irgendwie scheint es bei den Evangelischen alles nicht so sehr drauf anzukommen. „Katholisch oder evangelisch?" „Evangelisch." „Na, dann geht's ja noch."

Was katholisch ist, mögen andere beantworten. Aber was ist eigentlich evangelisch? Stimmt das überhaupt, dass man hier „alles nicht so eng sieht"? Und wie ist das: Was haben die eigentlich statt des Papstes? Oder wer sagt sonst, wo es langgeht? Gibt es hier auch so etwas, das man „glauben muss"? Warum haben die keine Beichte? Ist Konfirmation so etwas Ähnliches wie Kommunion? Was ist mit Ehe, Pille, Fasten und Karneval? Oder kann hier jeder glauben und machen, was er will? – Tja, was ist eigentlich evangelisch? Gute Frage.

2. Sich auf die Suche machen

Ich erinnere mich an eine Begegnung mit einer Gruppe von Muslimen. Ein paar Tage zuvor hatten bereits einige aus unserer Gemeinde als Gäste am Freitagsgebet der benachbarten Moschee teilgenommen. Nun stand der Gegenbesuch von Seiten der Muslime in unserem Gemeindehaus an. Nach dem Gottesdienst, an dem die kleine Gruppe muslimischer Männer auch teilgenommen hatte, kommt es zu einem Gespräch im Kirchencafé. Beide Seiten sollen einmal in Kürze sagen, was das Wesentliche ihres Glaubens ist. Die muslimische Seite ist damit rasch durch. Kurz und bündig zählen sie die berühmten „fünf Säulen" des Islam auf: das Bekenntnis zu dem einen Gott und seinem Propheten Mohammed, das tägliche Gebet, der Ramadan, das Almosengeben und die Wallfahrt nach Mekka. Nun ist unsere Seite an der Reihe. Doch da wird es schon wesentlich einsilbiger. Kann man das überhaupt: in ein paar Sätzen sagen, was evangelisch ist?

Ja, gewiss, irgendwann haben wir einmal im Konfirmandenunterricht etwas gelernt: die 10 Gebote, das Glaubensbekenntnis, das Vaterunser, die eine oder andere Liedstrophe. Als sozusagen „eiserne Ration" eines Christenmenschen. Im Laufe des Lebens sind einem womöglich die verschiedensten biblischen Texte begegnet: Geschichten, Gleichnisse, Psalmen oder auch nur einzelne Verse – etwa als Tauf-, Konfirmations- oder Trauspruch. Aber irgendwie ist dabei vielleicht der Blick für das Ganze verloren gegangen, für den Kern, den oder die zentralen Inhalte des evangelischen Glaubens.

Neidisch blicken wir dann manchmal womöglich auf andere Frömmigkeitsformen oder gar Religionen, in denen uns Menschen begegnen, die anscheinend sehr viel genauer, sehr viel rascher, klarer und selbstbewusster sagen können, was sie glauben. Menschen, die ihre religiösen Formulierungen, manchmal vielleicht auch nur ihre Formeln abrufbar parat zu haben scheinen. Und mit ihren klaren Formeln auch meist ein klares Weltbild zur Hand haben. Ein Weltbild, in dem es eindeutige Grenzen gibt, etwa zwischen wahr und unwahr, richtig und falsch, gut und böse. Und wo so etwas wie Unsicherheit im Glauben, so etwas wie Zweifel oder Anfechtung gar nicht vorzukommen scheint. Ja, man mag da als schlichter evangelischer Christenmensch manchmal regelrecht neidisch werden.

Ich muss allerdings gestehen: Mich überzeugen solche Glaubenshaltungen, die mit breiter Brust daherkommen, wenig. Mich beeindrucken mehr die Menschen, die auch und gerade *in* ihrem Glauben Fragende bleiben. Menschen, die den Zweifel und die Anfechtung nicht als einen Feind ansehen, sondern als einen Teil ihres Glaubens akzeptieren. Ich würde mich gerne mit solch einer fragenden und suchenden Haltung auf den Weg machen, wenn es darum geht, was eigentlich evangelisch ist.

Und wie das so ist, wenn man sich auf den Weg macht und sich vielleicht noch ein wenig unsicher fühlt, dann ist es gut, wenn man einen kompetenten Begleiter hat, der sich besser auskennt. Das sollen für uns vor allem die „Väter" des evangelischen Glaubens, die *Reformatoren*, sein: Luther, Calvin und wie sie alle hießen. Ihre Namen stehen ja seit der Reformation für ein spezifisch protestantisches „Profil", wie man heute gerne sagt. Worum ging es ihnen überhaupt – etwa in Abgrenzung zur damaligen römischen Kirche? Und: Was können wir heute in einer völlig veränderten Welt noch mit ihren Einsichten anfangen? Wir leben doch mittlerweile in ganz anderen gesellschaftlichen Verhältnissen, in ganz anderen Denkweisen und mit ganz anderen wissenschaftlichen Erkenntnissen als zu Zeiten der Reformation, also des 16. Jahrhunderts. Auch diese Fragen werden uns zu beschäftigen haben. Ob das immer in knappen fünf Sätzen gelingt, sei allerdings dahingestellt.

3. Keine Nostalgie

Beim Stichwort „Reformation" fällt uns vielleicht als erstes Martin Luthers berühmter Satz „Hier stehe ich, ich kann nicht anders" ein. Dumpf dringen die Worte des großen Reformators über die Jahrhunderte hinweg an unser Ohr. Vielleicht stehen wir gerade vor dem berühmten Lutherdenkmal in Worms und blicken ehrfürchtig an der erhabenen, in Gussstahl gegossenen überlebensgroßen Figur empor. Vielleicht waren wir seinerzeit in dem überraschend erfolgreichen Luther-Film und erinnern uns der eindrucksvollen Szene, in der der kleine Mönch aus Wittenberg 1521 auf dem Reichstag zu Worms Kaisern und Königen ins Gesicht hinein tapfer widersteht. Vielleicht denken wir auch zurück an die eine oder andere Religionsstunde, in der uns von einer jungen, eifrigen und erzählbegabten Lehrerin die großen Heldentaten der Väter im Glauben nahegebracht wurden. „Hier stehe ich, ich kann nicht anders." Diese Worte sind seit vielen Generationen verbales Markenzeichen des Protestantismus. Protestantismus, so haben wir es gelernt, das hat etwas mit Protest zu tun, mit Rückgrat und Zivilcourage, mit einem Einstehen für die Wahrheit und einer unbedingten Bindung an das Gewissen, mit Unbeugsamkeit und Prinzipientreue.

Wer sich allerdings ein wenig mit der Geschichte der Reformation beschäftigt, merkt bald, dass es sich bei jenem berühmten Satz zu Worms nicht um eine allgemein menschliche oder gar typisch protestantische Tugend handelt. Unbeugsamkeit als solche ist noch kein evangelisches Markenzeichen. Einfach „nicht anders zu können" kann auch Ausdruck von Unbelehrbarkeit, von innerer Starre, von geistiger Enge und unerträglicher Borniertheit sein. Martin Luther aber konnte nicht deshalb „nicht anders", weil er nun einmal so ein Dickschädel war, sondern weil er von etwas *Anderem*, genauer: *einem* Anderen ergriffen worden war. „Hier stehe ich, ich kann nicht anders", das heißt nämlich im Kern: Ich weiß von einer anderen Wahrheit als der, die mir täglich drohend entgegentritt. Nur um jener anderen Wahrheit – nennen wir sie beim Namen: nur um *Jesu Christi* willen – und nicht um eines Prinzips des Neinsagens willen galt es und gilt es vielleicht auch heute noch, „nicht anders zu können".

Wir wollen versuchen, uns jene Wahrheit, die sich die Reformatoren – und nicht nur sie – ziemlich viel haben kosten lassen, noch einmal in Ruhe vor Augen zu führen. Nicht aus einer protestantischen Nostalgie heraus. Nicht um die Geschichte unserer Kirche zu verklären. Und schon gar nicht um einer evangelischen Selbstbeweihräucherung willen. Sondern um herauszubekommen, welche Erkenntnisse von „damals" auch heute noch für uns eine Botschaft bergen. Für uns, die wir ja mittlerweile in einer völlig gewandelten Welt leben. Historische Rückblicke sind schön und gut. Aber wenn sie nicht zu uns zu „sprechen" beginnen, bleiben sie totes Wissen, allenfalls Hobby für ein paar geschichtlich Interessierte. Die Evangelische Kirche – so viel sei bereits jetzt verraten – lebt aber zentral davon, dass in ihr etwas *lebendig* ist und sich in der Gegenwart unmissverständlich bemerkbar macht. Egal, ob im Kleinen oder Großen.

Doch eins nach dem anderen.

II. „Evangelisch" kommt von „Evangelium"

1. Ein paar Worterklärungen

Was ist eigentlich evangelisch? Man könnte es sich leicht machen und einfach ein schlaues Fremdwörterbuch aufschlagen. Da würden wir dann erfahren, dass das Wort „evangelisch" von dem lateinischen Wort „Evangelium" abstammt, das wiederum eine Übersetzung des griechischen Ursprungswortes („euangellion") ist. „Evangelium" bedeutet wörtlich übersetzt: „gute Botschaft".

Das Wort „Evangelium" kommt vor allem im Neuen Testament vor. Es meint dort durchweg die Botschaft von Jesus Christus. So beginnt z. B. Markus seinen Bericht mit den Worten: „Dies ist der Anfang des Evangeliums von Jesus Christus" (Markus 1,15). Er verwendet hier das Wort „Evangelium" offenbar deshalb, weil er der Meinung ist, dass es sich bei dieser Botschaft eben um eine „gute" handelt. Auch die anderen drei neutestamentlichen Autoren, die einen Bericht über Jesus Christus abliefern, also Matthäus, Lukas und Johannes, verstehen ihre Botschaft grundsätzlich als Evangelium, weshalb wir die Berichte dieser vier Autoren auch selbst jeweils als „Evangelium" und sie selbst als „Evangelisten" bezeichnen. Im Inhaltsverzeichnis eines Neuen Testaments finden wir dementsprechend das Matthäus-, das Markus-, das Lukas- und das Johannesevangelium.

Genau genommen bezeichnet das Wort „Evangelium" also zweierlei. Einmal meint es grundsätzlich die gute Botschaft von Jesus Christus. Und zum anderen meint es die literarische Gattung, in der die neutestamentlichen Autoren Matthäus, Markus, Lukas und Johannes ihre Berichte über Jesus Christus verfassen. Literaturwissenschaftler weisen darauf hin, dass es sich bei der Gattung „Evangelium" um etwas ganz Einmaliges, geradezu um ein Unikum handele. Nirgendwo sonst in der Weltliteratur komme diese spezielle literarische Form vor. Vielleicht ein erstes Anzeichen dafür, dass es sich bei dem Inhalt, den diese Form birgt, nämlich der Botschaft von Jesus Christus, in der Tat um etwas Einmaliges handelt?

Jedenfalls begegnet uns in diesem, also dem literarischen Sinne das Wort „Evangelium" z. B. im Gottesdienst, wenn es dort heißt, nun folge die „Evangeliumslesung". Gemeint ist, dass nun ein Text aus den vier Evangelien vorgelesen wird. Davon unterschieden ist dann etwa die alttestamentliche Lesung oder die „Epistellesung". Das Wort „Epistel" stammt von dem griechischen Wort „Epistolä" und bedeutet „Brief". Bei einer Epistellesung geht es also immer um einen der Briefe, von denen wir im Neuen Testament etliche haben, z. B. den Römerbrief, den 1. Korintherbrief, die Petrus- oder Johannesbriefe.

Das Interessante ist nun, dass der Apostel Paulus in seinen Briefen, die ja literarisch kein Evangelium sind, das Wort „Evangelium" ebenfalls häufig verwendet, nun aber in dem eingangs erwähnten grundsätzlichen Sinne der „guten Botschaft" von Jesus Christus. So versteht er sich selbst etwa als „Knecht Jesu Christi", der „ausgesondert ist zu predigen das Evangelium Gottes" (Römer 1,1). Immer wieder treffen wir bei ihm – und nach ihm auch bei den anderen neutestamentlichen Autoren – das Wort „Evangelium" in diesem grundsätzlichen Sinne an. Das hat dazu geführt, dass man nicht selten die *ganze* biblische Botschaft als „Evangelium" bezeichnet, also nicht nur die Texte der vier Evangelisten oder die Inhalte der neutestamentlichen Briefe. Martin Luther war sogar der Ansicht, dass uns die gute Botschaft von Jesus Christus in jedem einzelnen Wort des Alten Testaments begegnet, wenn auch mitunter auf sehr verborgene Weise.

Das Wort „evangelisch" bezieht sich nun vor allem auf diesen grundsätzlichen Sinn des Wortes „Evangelium". Christinnen und Christen, die sich „evangelisch" nennen, wollen damit zum Ausdruck bringen, dass ihr Christsein wesentlich davon bestimmt ist, dass sie auf das Evangelium, also die gute Botschaft von Jesus Christus, hören. Welche praktischen Konsequenzen das hat, wird man sehen müssen. Und ob diese grundsätzliche Orientierung am Evangelium einem evangelischen Christenmenschen immer gleich anzumerken ist, steht zunächst auf einem anderen Blatt. Gleichwohl halten wir zunächst einmal fest: „Evangelisch" kommt von „Evangelium". So weit, so einfach.

Aber ganz so einfach ist es nicht. Denn warum legt die Evangelische Kirche überhaupt so einen großen Wert darauf, dass diese Grundorientierung am Evangelium schon in ihrem Namen, also gewissermaßen programmatisch zum Ausdruck kommt? Ist das Hören auf das Evangelium für einen Christen – welcher Konfession auch immer – nicht selbstverständlich? Um diese offensichtlich doch nicht ganz so selbstverständliche Selbstverständlichkeit ein wenig zu verstehen, müssen wir für einen Moment die Uhr anhalten und einen kleinen Blick zurück in die Vergangenheit werfen.

2. Ein kleiner Blick zurück

Wann genau das Wort „evangelisch" zur Bezeichnung bestimmter Christen zum ersten Mal auftaucht, lässt sich nicht mehr exakt ausmachen. Es muss in den Jahren der Reformation gewesen sein. Seit seinem berühmten Thesenanschlag zu Wittenberg im Jahr 1517 hatte sich Martin Luther immer wieder heftig mit seiner Kirche angelegt. Vieles an ihr störte ihn, ja sah er sogar in eklatantem Widerspruch zur Botschaft der Bibel: Ablasshandel, Messopfer, Werkgerechtigkeit, Papsttum, kirchliche Hierarchien, Prunksucht, Heiligenverehrung und Reliquienkult, um nur einiges zu nennen. Luther erkannte als Hauptursache für diese Missstände, dass sich die Kirche seiner Zeit eben nicht mehr, zumindest nicht mehr ausschließlich auf die biblische Botschaft von Jesus Christus bezog. An die Stelle der Heiligen Schrift war aus seiner Sicht die Kirche selbst getreten – mit ihrem Anspruch, das Heil zu verwalten, die Frömmigkeitsformen vorzugeben und unbedingten Gehorsam zu fordern. Was zu glauben oder nicht zu glauben war, war von der Kirche vorgegeben. Wer dem nicht folgte, hatte mit Ausgrenzung und nicht selten auch Verfolgung zu rechnen, um es einmal vorsichtig auszudrücken.

Demgegenüber Luthers erster, wenn man so will: „evangelischer" Grundsatz: *allein die Schrift*. Die Kirche ist nicht um ihrer selbst und schon gar nicht um ihres eigenen Machterhalts willen da, sondern ausschließlich, um das Evangelium Gottes in der Welt laut werden zu lassen. Dieses finden wir aber nicht in kirchlichen Traditionen, Lehrsätzen oder noch so frommen Frömmigkeiten. Wir finden es zuallererst und einzig in seinem *Wort*, so wie es uns eben in dem Text, der Jesus Christus zum Inhalt hat, begegnet, also dem Text der Bibel. Sie, nur sie allein – und nicht etwa auch noch Dogmen und Traditionen – ist das Dokument, der Kanon, die Richtschnur der Wahrheit. Deshalb kritisiert Luther die Römische Kirche auch nie aus einer sozusagen pubertären, antiautoritären Haltung heraus. Er kritisiert sie immer nur über der aufgeschlagenen Bibel. *Sie* ist die Instanz, an der sich alles messen lassen muss. *Sie* ist das kritische Korrektiv der Kirche. Deshalb der Grundsatz: allein die Schrift. Lateinisch: sola scriptura. In diesem Sinne hat Luther mitunter auch seine eigenen Schriften als „evangelisch", also als auf die Heilige Schrift und nur auf diese bezogen bezeichnet.

Dass solch eine radikale Sicht der Dinge nicht lange gut gehen konnte, liegt auf der Hand. Wer lässt sich schon gerne nachsagen, er läge mit seiner Art Christsein völlig daneben, gar im Widerspruch zum Wort Gottes selbst? Die Kirche der damaligen Zeit jedenfalls nicht. Wir kennen die heftigen und nicht selten auch gewalttätigen Auseinandersetzungen der Reformations- und Nachreformationszeit. Zimperlich ging es da auf beiden Seiten nicht eben zu. Bis hin zu den schrecklichen und blutigen Kämpfen etwa des Dreißigjährigen Krieges gut hundert Jahre später.

Was die Selbstbezeichnung der Menschen, denen Luthers Protest gegen die damalige Kirche eingeleuchtet hatte, angeht, so begegnet uns – offenbar in Ermangelung von etwas Geeigneterem – zunächst der Begriff der „Lutherschen". Ähnlich wie es dann später auch bei den anderen Reformatoren etwa „Zwinglianer" oder „Calvinisten" gab, zum Teil bis heute. Doch Luther selbst war die damit verbundene Personalisierung durchaus zuwider. „Was ist schon Luther?", konnte er schon mal in seiner bekannt drastischen Art von sich geben: „Ein armer, stinkender Madensack." Jedenfalls nicht der Held oder gar Religionsgründer, als der er uns auf manch einem Sockel vor Augen gestellt wird. Dennoch hält sich das Wort „luthersch" hartnäckig – bis hinein in die verschiedenen „lutherischen" Landeskirchen, von denen es ja einige in Deutschland gibt, oder die verschiedenen „Lutheran Churches" weltweit.

Ohne diesen Kirchen gleich einen unevangelischen Personenkult unterstellen zu wollen.

Bevor sich „evangelisch" zur Bezeichnung aller der Reformation verbundenen Menschen durchsetze, tauchte im Jahr 1529 noch ein weiterer Begriff auf, der sich ebenfalls bis heute gehalten hat: „protestantisch". Auf dem damaligen Reichstag zu Speyer setzte die „luthersche" Minderheit dem Kaiser und den katholischen Ständen eine sogenannte „Protestation" entgegen. Darin kämpfte sie vor allem für eine allgemeine religiöse Gewissensfreiheit. Die Gegner dieser Protestation, also die Anhänger der Römisch-Katholischen Kirche, bezeichneten diese protestierende Minderheit als „Protestanten". Weil sich diese wiederum mit solch einer Bezeichnung nicht ganz verstanden fühlten, nannten sie sich fortan mehr und mehr „evangelisch". Hinzu kamen später die Bewegungen, die auf die Schweizer Reformatoren Ulrich Zwingli und Johannes Calvin zurückgehen und die man in der Regel unter dem Sammelbegriff „reformiert" antrifft. Schließlich taucht seit dem frühen 19. Jahrhundert auch das Wort „uniert" auf, womit vor allem die Kirchen bezeichnet werden, auf deren Boden sich Lutheraner und Reformierte vorgenommen haben, friedlich zusammenzuleben.

3. Ein vorläufiges Fazit

Bis heute begegnen im evangelischen Raum alle Begriffe. Wollten wir ein vorläufiges Fazit ziehen, so müssten wir konstatieren, dass jeder von ihnen irgendein Argument für sich hat. In „lutherisch" ist immerhin die Erinnerung an den Mann wach, der die ganze Geschichte historisch überhaupt ins Rollen gebracht hat. In „reformiert" meldet sich der berechtigte Anspruch zu Wort, dass die Kirche nicht aus ihrer Tradition, sondern von ihrer steten Erneuerung durch das Wort Gottes lebt. In „protestantisch" klingt etwas von dem an, dass die Botschaft des Evangeliums nicht einfach identisch ist mit den vielen Botschaften dieser Welt, sondern sich zunächst einmal in Opposition dazu befindet. Selbst in „uniert" ist ja eine Wahrheit vorhanden, nämlich die, dass es schon zum Auftrag der Kirche gehört, nach Glaubensgemeinschaft zu streben. „Auf dass sie alle eins seien", wie Jesus sagt (Johannes 17,21).

Doch nach all dem erscheint am Ende das Wort „evangelisch" wohl noch der sachlich angemessenste Begriff zu sein zur Bezeichnung von Menschen und Kirchen, die sich vor allen anderen Dingen eben auf das Evangelium, also die gute Botschaft von Jesus Christus, beziehen. „Evangelisch" kommt von „Evangelium". Insofern kann man evangelisch grundsätzlich nur im Hören der biblischen Botschaft sein. Deshalb steht in einem evangelischen Gottesdienst unbedingt die Predigt, d. h. die Auslegung eines biblischen Textes, im Mittelpunkt. Äußerlich drückt sich das so aus, dass wir in vielen evangelischen Kirchen als Blickfang nicht das Kreuz oder irgendeine künstlerische Darstellung vorfinden, sondern eine aufgeschlagene Bibel vorne auf dem Altar bzw. auf dem Abendmahlstisch. Sie erinnert an den reformatorischen Grundsatz „sola scriptura". Allein die Schrift. Evangelisch sein geht nicht ohne das Aufschlagen der Bibel.

Doch schon stellen sich neue Fragen ein.

III. Die Bibel aufschlagen

1. Wo anfangen, wo aufhören?

Viele sagen: Die Bibel aufschlagen – gut und schön. Aber erstens ist sie mir zu dick. Zweitens weiß ich gar nicht, wo ich dort anfangen und aufhören soll. Drittens kommen mir viele Texte darin ziemlich altertümlich und unverständlich vor. Und viertens ist mir der Grundsatz „allein die Schrift" viel zu verkopft. Außerdem interpretiert jeder sowieso in die Bibel hinein, was er will. Da lass ich die Bibel gleich lieber zugeschlagen, gucke mir eine schöne gotische Kirche an oder suche den lieben Gott im Wald oder bei einem spirituellen Seidenmalkurs in der Toscana. Starker Tobak. In der Tat mag man manche Gründe gegen das Lesen der Bibel vorbringen. Aber zu Recht? Wir wollen versuchen, den genannten Einwänden Schritt für Schritt ein wenig nachzugehen.

Niemand wird abstreiten, dass die Bibel ein dickes Buch ist. Aber gilt dasselbe nicht auch von einem Dostojewski-Roman oder einem Harry-Potter-Band? Wem wirklich an der Lektüre eines Buches gelegen ist, der wird sich auch von seinem Umfang nicht abhalten lassen. Ganz im Gegenteil: Er wird vielleicht sogar bedauern, dass das Buch irgendwann – „leider" – schon zu Ende ist. Doch die Bibel verlangt von sich aus gar nicht, sie von der ersten bis zur letzten Seite vollständig durchzulesen. Die Bibel ist ja kein in sich geschlossener Roman mit einer fortlaufenden, zusammenhängenden Handlung. Sie ist vielmehr eher eine Art Sammelband von sage und schreibe 66 einzelnen Schriften, die man durchaus auch je für sich genommen lesen kann. Die längsten von ihnen umfassen gerade einmal etwa 50 Seiten. Das ist zu schaffen. Die allermeisten der übrigen Schriften sind ohnehin sehr viel kürzer. Im Unterschied zu einem Roman besteht hier jedenfalls kein Zwang zur Vollständigkeit. Nein, an der Dicke allein kann es nicht liegen, wenn Menschen sich vor dem Aufschlagen der Bibel drücken. Aber woran dann?

Vielleicht, weil man nicht weiß, mit welcher Schrift man anfangen soll? Da ist etwas dran. Doch könnte an dieser Stelle hilfreich sein, dass die biblischen Schriften überaus verschieden sind. Fast alles, was es auch sonst an literarischen Gattungen gibt, ist dort anzutreffen: spannende Erzählungen und nüchterne Gesetzestexte, zu Herzen gehende Gebete und anrührende Gedichte, trockene Abhandlungen und leidenschaftliche Briefe, um nur einige zu nennen. Das könnte bei der Frage, mit welcher Schrift man anfangen soll, eine Hilfe sein. Jeder hat ja beim Lesen so seine Vorlieben. Der eine mag lange Romane, die andere bevorzugt eine bündige Kurzgeschichte. Der eine liebt bildreiche Lyrik, die andere ein informatives Sachbuch. Warum nicht auch beim Lesen der Bibel mit einem Text beginnen, der einem schon von seiner Form her eher liegt? Manch einer hat gute Erfahrungen etwa mit dem Markusevangelium gemacht. Andere mit dem ein oder anderen alttestamentlichen Psalm. Wieder andere mit einzelnen Erzählungen etwa aus dem ersten Buch Mose. Im Grunde ist es egal, wo und mit welcher Schrift wir in der Bibel anfangen. Wenn wir sie nur wirklich einmal aufschlagen wollten, so würden wir rasch die Erfahrung machen, dass man sich auch bei ihrer Lektüre durchaus „festlesen" kann.

Damit sind wir beim nächsten kritischen Punkt: der biblischen Sprache. Vielen erscheint sie altertümlich und häufig auch unverständlich. Auch da ist natürlich etwas dran. Doch sollte man sich fairerweise klarmachen, dass die Schriften der Bibel ja nicht erst gestern, sondern vor vielen Jahrhunderten verfasst worden sind, genauer etwa im Zeitraum zwischen dem 9. Jahrhundert vor Christus und dem Jahr 150 nach Christus. Auch mit anderen alten Texten tun wir uns mitunter ein wenig schwer. Niemand wird ja erwarten, dass wir die Sprache etwa eines althochdeutschen Zauberspruchs, eines barocken Liebesgedichts oder einer philosophischen Abhandlung aus dem 18. Jahrhundert auf Anhieb verstehen.

Dieser Sprung in eine andere Sprach- und damit nicht selten auch andere Vorstellungswelt wird uns also auch anderen Orts abverlangt. Ohne ein wenig Mühe geht es beim Lesen bestimmter Texte eben nicht ab. Bei den biblischen Texten kommt nun erleichternd hinzu, dass es – im Unterschied zu anderen historischen Texten – mittlerweile eine ganze Reihe von neueren Übersetzungen gibt, die weitgehend der Gegenwartssprache angeglichen sind. Manche von ihnen sind zudem auch mit hilfreichen Erklärungen am Rande versehen. Jede Pfarrerin und jede gute Buchhandlung können einem hier unschwer einen brauchbaren Tipp geben.

Damit kommen wir zum Vorwurf der „Verkopfung". Er wäre sicher berechtigt, wenn es beim „sola scriptura" um nichts anderes als ein bedrucktes Stück Papier ginge. Mit „Schrift" ist beim „sola scriptura" aber nicht in erster Linie ein bestimmter Gegenstand, sondern sein *Inhalt* gemeint. Egal, ob dieser Inhalt durch eigene Lektüre oder gegenseitiges Vorlesen, in Form einer sachgerechten Nacherzählung oder – warum nicht? – auch einmal mit Hilfe eines Bildes, eines Spiels, einer Musik oder eines Films zur Kenntnis genommen wird. Zu Zeiten des Mittelalters, als die meisten Menschen weder lesen noch schreiben konnten, galten die biblischen Darstellungen in den Kirchen als „biblia pauperum", als „Bibel der Armen". Das „sola scriptura", also das Aufschlagen der Bibel, wäre völlig missverstanden, wollten wir es von einer bestimmten kulturellen Fähigkeit, eben der des Lesenkönnens, abhängig machen. Kindern im Kindergottesdienst wird die biblische Botschaft vor allem erzählt. Und manch ein glaubensferner Mensch ist etwa durch ein biblisches Musical oder eine Bach-Kantate neu auf den Inhalt der biblischen Botschaft aufmerksam geworden. Wenn in der Evangelischen Kirche der Grundsatz „allein die Schrift" gilt, so nicht, um einen sozusagen „papierenen Götzen" aufzurichten, sondern nur, um auf eine *Botschaft* hinzuweisen, die wir uns nicht selbst sagen können. Mit „Verkopfung" hat das zunächst einmal gar nichts zu tun, auch wenn es beim Aufschlagen der Bibel sicher nicht verboten ist, auch einmal seinen gesunden Menschenverstand einzuschalten. – Bleibt ein vorläufig letzter Einwand.

2. Hineininterpretieren, was man will?

Katholikentag Regensburg 2014. Sie sitzt mir mit ihrem recyclebaren Pappbecher mit Kaffee aus fairem Handel gegenüber, und wir kommen so über dies und das ins Gespräch. Obgleich ich sie als eine junge, moderne Frau wahrnehme, die an ihrer Kirche durchaus das eine oder andere auszusetzen hat, nimmt sie beim Thema „Bibelauslegung" doch eine – wie ich finde – sehr „katholische" Haltung ein. Dass es da so eine zentrale Instanz – sie meint die päpstliche Lehrautorität – gebe, das habe die Katholische Kirche der Evangelischen doch immerhin voraus. Gruselig, wie beispielsweise bei den Protestanten jeder und jede einfach mitmischen könne und am Ende vieles auch „zerredet" werde. In Glaubensdingen komme es doch auf eine klare, für alle verbindliche Linie an, die nun einmal „von oben" festgelegt werden müsse. Meinen Einwand, was denn sei, wenn „von oben" vielleicht auch einmal etwas Problematisches, womöglich auch einmal etwas ganz Falsches oder gar Gefährliches festgelegt werde, kontert sie mit dem Hinweis, dass sie in theologischen Dingen da doch ein ziemliches Vertrauen in den habe, der das schließlich – anders als sie – studiert habe und von der Kirche dazu geweiht sei. Einem Elektriker oder einem Zahnarzt pfusche sie ja schließlich auch nicht ins Handwerk.

Hat die junge Dame mit ihrer Kritik Recht? Nämlich dass beim Lesen der Bibel doch jeder in sie hineininterpretieren könne, was er mag? Es gibt ja in der Tat Umgehensweisen mit der Bibel, bei denen es vor allem um meine eigenen Assoziationen geht. Etwa: Was fällt mir alles ein, wenn ich in einem biblischen Text z. B. das Wort „Stein" lese. Der eine mag dabei an die harten, belastenden Seiten seines Lebens erinnert werden, der andere an Erfahrungen, die ihn fest und zuversichtlich werden ließen. Niemand wird bestreiten, dass es Situationen gibt, in denen solch ein Vorgehen durchaus sinnvoll und hilfreich sein kann, etwa wenn es darum geht, einen neuen Zugang zu meinen eigenen Gefühlen und Erfahrungen zu bekommen. Auch bei einem biblischen Text ist es gewiss nicht von vornherein verboten, ihn – ähnlich einem x-beliebigen Meditationsgegenstand – auch einmal als Projektionsfläche meiner Gedanken und Empfindungen in Anspruch zu nehmen. Aber ob ein solcher Umgang mit dem biblischen Text dem, was dieser von *sich* aus sagen will, immer gerecht wird?

Stellen wir uns einmal spaßeshalber vor, der biblische Text sei irgendein menschliches Gegenüber. Dieses Gegenüber will uns etwas von sich erzählen. Aber bevor es überhaupt dazu kommt, benutzen wir das erstbeste Stichwort, um unsere eigenen Dinge loszuwerden. Unser Gesprächspartner will uns z. B. von seinem Urlaub am Bodensee erzählen. „Ah, da war ich auch schon", fallen wir ihm ins Wort, „tolle Gegend, meist schönes Wetter. Außerdem gibt es da in Meersburg ein gutes Restaurant, wo man ausgezeichnet Fisch essen kann." Während es aus uns nur so heraussprudelt, ist unser Gegenüber gar nicht dazu gekommen, uns das, was es vom Bodensee erzählen möchte, mitzuteilen. Vielleicht hat ihm die Gegend ja gar nicht so gut gefallen. Vielleicht war das Wetter auch nicht so toll. Vielleicht hat es ganz andere Fischrestaurants kennengelernt. Vielleicht will es uns am Ende noch etwas ganz anderes mitteilen, was ihm wichtig ist. Diese Unart, unser Gegenüber gewissermaßen nur als „Stichwortgeber" zu missbrauchen, ist sicher weit verbreitet. Zum Vorbild, um mit der Bibel ins Gespräch zu kommen, taugt sie jedenfalls nicht.

Aber muss das Lesen der Bibel zwangsläufig der Gefahr erliegen, dass jeder darin findet, was er möchte oder was er schon vorher wusste? Auch ein Gespräch mit einem menschlichen Gegenüber muss ja nicht notwendig so verlaufen, dass wir nur immer von uns selbst reden. Man kann sich ja auch einmal auf den anderen einlassen. Man kann ihm ja auch einmal in Ruhe zuhören. Man kann ja auch hier und da einmal ernsthaft nachfragen, ob wir unseren Gesprächspartner wirklich richtig verstanden haben. Man kann ja auch einmal an dem Interesse zeigen, was den anderen beschäftigt. Neugierig sein, was er uns sagen möchte.

Und so ähnlich scheint es mir auch mit der Bibel zu sein. Sie will uns ja *von sich aus* etwas mitteilen, womöglich etwas, was wir vorher so gar nicht kannten. Deshalb geht es beim Lesen der Bibel grundsätzlich nicht um ein *Hinein*interpretieren, sondern, wenn man so will, *Heraus*interpretieren. Die Bibelwissenschaft benutzt hier seit alters den Begriff „Exegese". Das kommt aus dem Griechischen und bedeutet wörtlich „Herausführung". Wer die Bibel interpretiert, hat also gar nicht die Absicht, irgendetwas in sie „hineinzulesen", sondern umgekehrt das, was in ihr steckt, sozusagen „herauszuführen", sichtbar zu machen. Auf das zu hören und zu verstehen, was der Text selbst sagen will. Ob das immer auf Anhieb gelingt, steht auf einem anderen Blatt. Beim Aufschlagen der Bibel geht es also, wenn man so will, zunächst um eine bestimmte *Haltung*. Man mag diese gerne neugierig, respektvoll oder gar demütig nennen.

Und dennoch bleibt mit der Kritik jener jungen Dame eine offene Flanke. Nehmen wir einmal an, wir haben die Bibel aufgeschlagen. Wir haben einen überschaubaren Text in einer sprachlich modernen und verständlichen Form gelesen. Wir haben redlich versucht, in Ruhe hinzuhören und so die Absicht des Textes zu verstehen. Gleichwohl beschleicht uns ein merkwürdiges Gefühl. Könnte man das Ganze vielleicht auch ganz anders verstehen? Haben wir überhaupt begriffen, worum es dort inhaltlich geht? Sind wir dem Text wirklich gerecht geworden? Was ist, wenn – auch bei ernsthaftestem und demütigstem Bemühen aller Beteiligten – am Ende der eine den biblischen Text so und die andere vielleicht völlig anders versteht? Man denke nur an die z. T. erbitterten Streite der verschiedenen theologischen Richtungen, etwa zwischen der historisch-kritischen oder der fundamentalistischen, der tiefenpsychologischen oder der feministischen, der sozialgeschichtlichen oder der narrativen Bibelauslegung. Machen diese verschiedenen Versuche ein wirkliches Verstehen dessen, was die biblischen Texte von sich aus sagen wollen, nicht von vornherein unmöglich?

Vielleicht sollten wir uns in dem Zusammenhang einmal von der negativen Bedeutung des Wortes „Streit" freimachen. Vom Judentum etwa kann man lernen, dass gerade im Ringen um das rechte Verstehen des biblischen Textes Streit und Widerspruch auch etwas sehr Positives und Befruchtendes sein können. Wo steht denn geschrieben, dass uns die verschiedenen, womöglich auch einander widersprechenden Versuche, einen biblischen Text zu verstehen, immer gleich entzweien müssen? Könnte es nicht sein, dass wir in der friedlichen, respektvollen Auseinandersetzung mit anderen Versuchen der Interpretation am Ende nicht frustriert und erbittert, sondern vielmehr *bereichert* nach Hause gehen? Es käme zumindest auf den Versuch an. Die Reformatoren haben uns gelehrt, dass wir es bei solch einem Versuch gar nicht nötig haben, „nach oben" zu schielen, sondern darauf vertrauen dürfen, dass der Heilige Geist jedenfalls das Seine dazutun wird.

3. Keine falsche Scham

Mit „allein die Schrift", d. h. mit der Bindung an die Botschaft der Bibel, ist nun eine wichtige Weichenstellung gerade auch in der Auseinandersetzung mit Menschen anderer Konfessionen, Religionen oder Weltanschauungen vollzogen. Evangelische Christen werden sich heute an dem Streit um die Wahrheit nur sinnvoll beteiligen können, wenn sie sich dieses einzigen, wenn man so will: „Mediums", nämlich der Bibel, bedienen. In der ökumenischen Begegnung, im christlich-jüdischen Gespräch, im interreligiösen Dialog wird es nicht darum gehen können, wer Recht hat – ein fruchtloses und, wie uns die Geschichte lehrt, auch häufig gefährliches Unterfangen. Es wird evangelischerseits in solchen Begegnungen nur darum gehen können, wieder und wieder die Bibel aufzuschlagen und also darauf zu verweisen, wo unserer Glaubensüberzeugung nach die Wahrheit zu finden ist.

Evangelische Christenmenschen werden aber nicht nur bei solchen Begegnungen, sondern vor allem in ihren eigenen Reihen wieder und wieder die Bibel aufzuschlagen haben. Sie werden deshalb auch selbstkritisch zu fragen haben, wo und mit welcher Ernsthaftigkeit das überhaupt noch in ihrer Kirche geschieht. Gewiss wird in jedem evangelischen Gottesdienst mindestens ein biblischer Text verlesen. Aber ist die Predigt wirklich immer dazu angetan, die Botschaft dieses Textes deutlich, lebendig und gegenwärtig werden zu lassen? Tritt da nicht manches Mal irgendeine hübsche Alltagsgeschichte, irgendeine Allerweltsweisheit, irgendein betulicher Zeigefinger an die Stelle dessen, was der Text nun einmal von sich aus sagen will? Ich kann mich jedenfalls an manch einen Ostergottesdienst erinnern, in dem mir mehr über aufsprießende Maiglöckchen als über den auferstandenen Christus mitgeteilt wurde.

Auch wird man selbstkritisch fragen müssen, welche Rolle die aufgeschlagene Bibel auch sonst noch im Leben eines evangelischen Christenmenschen und im Leben einer evangelischen Gemeinde spielt. Gewiss mag manch einer morgens die Tageslosung mit ihren jeweils zwei Bibelversen lesen. Gewiss mag es hier und da Bibelkreise geben. Gewiss mag zu Beginn einer Presbyteriumssitzung oder eines Frauenhilfenachmittags der Wochenspruch verlesen werden. Aber ist es wirklich so, dass die evangelische Gemeinde in ihrer Breite von der lebendigen Begegnung mit den biblischen Texten lebt? Ist die Bibel in der evangelischen Kirche ein wirklich *aufgeschlagenes*, also ein zugängliches, gelesenes und ernsthaft bedachtes Buch und nicht nur ein Topf mit Sprüchen, in den man bei besonderen Gelegenheiten gerne hineingreift? Ist die Bibel wirklich ein Buch, das mit uns geht, mit uns lebt, uns täglich tröstet, ermutigt, vielleicht auch einmal heilsam irritiert und zurechtweist? Ist es für eine evangelische Gemeinde nicht beschämend, sich von einem dezidiert atheistischen Dichter wie Bertolt Brecht auf die Frage, welches das von ihm am meisten gelesene Buch sei, sagen lassen zu müssen: „Sie werden lachen, die Bibel"?

Nein, wir müssen uns der Bibel wahrhaftig nicht schämen. Vor und nach Brecht haben mancherlei andere Menschen – Dichterinnen, Maler, Komponisten, Psychologinnen, Politiker – die biblischen Texte als überaus „interessant", als „spannend" und nicht zuletzt auch als künstlerisch „inspirierend" entdeckt. Nur wir finden sie langweilig. Da kann etwas nicht stimmen. „Allein die Schrift" heißt heute: Für eine evangelische Gemeinde muss die nachhaltige Beschäftigung mit der Bibel, das Bibelgespräch, auch das kreative Umgehen mit biblischen Texten wieder selbstverständlich und regelmäßig werden und darf nicht länger bloß Spielwiese einiger weniger sein. Anregende Modelle und Hilfsmittel für einen lebendigen und eben auch interessanten und „öffnenden" Umgang mit der Bibel gibt es mittlerweile zuhauf. Daran kann es also nicht liegen.

Oder ob die um sich greifende Bibelvergessenheit vielleicht noch ganz andere Gründe hat? Könnte es sein, dass uns ihre Botschaft einfach zu unbequem ist? „Die meisten Menschen haben Schwierigkeiten mit den Bibelstellen, die sie nicht verstehen", sagt Mark Twain. „Ich für mein Teil muss zugeben, dass mich gerade die Bibelstellen beunruhigen, die ich verstehe."

IV. Einem Anderen angehören

1. „Think pink"?

„Evangelisch" kommt von „Evangelium". So weit, so gut. Und es steht der Evangelischen Kirche gewiss nicht schlecht zu Gesichte, wenn sie sich bereits von ihrem Namen her mit eben einer guten Sache identifiziert. Wir haben uns bereits klargemacht, dass es hierbei nicht um *irgendeine* gute Sache geht. Auch nicht um ein bestimmtes Prinzip, die Dinge des Lebens grundsätzlich positiv zu sehen. So wie uns das ja mittlerweile von allen Seiten gepredigt wird, eben vor allem „positiv zu denken". Wie viele selbsternannte „positive" Menschen laufen mittlerweile mit breiter Brust durch die Gegend. Man schämt sich fast schon, wenn man in sich auch gelegentlich noch andere, düstere Seiten oder Stimmungen wahrnimmt. Bezeichnend, dass die altbekannte Begrüßungsfloskel „Wie geht's?" mehr und mehr durch ein „Geht's gut?" ersetzt wird. Als wenn etwas anderes gar nicht mehr erlaubt sei. Was ist das eigentlich für eine Gnadenlosigkeit, mit der uns allenthalben eingeredet wird, die Dinge vor allem anderen möglichst „positiv" zu sehen, auch wenn einem mitunter zum Heulen zumute ist? „Think pink" nennen die Amerikaner diese fast neurotische Zwangsversordnung zum Positiven.

Und nun also auch die Evangelischen mit ihrem programmatischen Namensbezug zum Evangelium, also zu einer eben „guten" Sache.

Religiöse Paten des „Think pink"? Ohne jemanden zu nahe treten zu wollen, kann man bei manchen Christinnen und Christen manchmal fast den Eindruck bekommen. Da liegt so ein seliger Schimmer auf den Gesichtern. So ein fast eingefrorenes Fröhlichsein. Da werden mitunter auffallend rasch ein paar Loblieder in die Saiten geklampft. Auffallend hurtig und beredt Bekenntnisse abgelegt, dass mit dem Evangelium mit einem Mal alles gut geworden sei. Auffallend häufig und unangefochten der liebe „Herr Jesus" im Munde geführt. Meint das der Evangelist Markus, wenn er das Evangelium unmissverständlich als das „Evangelium von *Jesus Christus*" (Markus 1,15) bezeichnet?

2. Die Wahrheit: ein Name

Erinnern wir uns noch einmal an Martin Luther. Überliefert ist die bekannte Szene, die sich im Jahre 1521 auf dem Reichstag zu Worms zugetragen haben soll. Den versammelten Fürsten samt Kaiser widersteht der kleine Mönch Martin mit den Worten: „Hier stehe ich, ich kann nicht anders. Gott helfe mir. Amen." Lassen wir einmal dahingestellt, inwieweit dieser Satz von Luther selbst gesagt oder ihm zumindest ziemlich glaubhaft in den Mund gelegt worden ist – er ist jedenfalls Ausdruck dessen, dass Luther von etwas überwältigt war. Überwältigt von einer Wahrheit, die einen unverwechselbaren Namen trägt: *Jesus Christus*. „Ich bin die Wahrheit", sagt Jesus lapidar (Johannes 14,6). Nur um dieser Wahrheit willen konnte Luther „nicht anders".

Die grundlegende Wahrheit des Evangeliums also: ein *Name*. Oder genauer gesagt: eine *Geschichte*. Die unverwechselbare Geschichte Gottes mit dem Menschen, wie sie in der Person Jesu Christi anschaulich geworden ist. Die Erkenntnis war zu Zeiten Luthers deshalb nicht selbstverständlich, weil er sich einer Institution ge-

genübersah, nämlich der Römischen Kirche, die von sich aus beanspruchte, die Wahrheit gepachtet zu haben, und die deshalb meinte, diese Wahrheit machtvoll und wohldosiert verteilen zu können: durch verordnetes Denken, durch Sakramentsverwaltung, durch vorgeschriebene Frömmigkeitsformen, durch repressive Bußpraktiken und einträglichen Ablasshandel. Die Kirche des späten Mittelalters war für Luther zu einem unterdrückerischen System verkommen, mit dem sie sich selbst an die Stelle der Wahrheit und also an die Stelle Christi zu setzen versuchte. Was Wahrheit zu sein hatte, war von Rom bestimmt und deshalb oft am Ende ziemlich genau das, was der Kirche ideologisch, politisch und auch materiell nützte. Dagegen Luthers grundlegende Entdeckung, wie man sie später auf die bündige Formel brachte: „Christus allein". Lateinisch: „solus Christus".

Christus allein. Zwei unscheinbare Wörtchen. Und doch merken wir, welch ungeheure Gewalt, ja geradezu Kampfansage seiner Zeit in ihnen steckte. Christus allein die Wahrheit, das hieß dann ja: den Wahrheits- und Machtanspruch der Heiligen Kirche in Frage stellen. Das hieß dann ja: sich auf eine Konkurrenz einlassen, sich auf einen Kampf vorbereiten. Um der Wahrheit willen Autoritäten vom Sockel stürzen. War Martin Luther besonders mutig? Wir wissen es nicht so genau. Was wir von ihm persönlich wissen, ist eher, dass er oft ziemlich verzagt und angefochten war. Die Kraft, Kaisern, Königen und Päpsten zu widerstehen, kam ihm offensichtlich nicht von einem ihm sozusagen in die Wiege gelegten Temperament her, sondern von der ihm geschenkten Gewissheit: Christus allein. Nur deshalb konnte er offenbar nicht anders.

3. Ein mitunter brisantes Bekenntnis

Welche Bedeutung hat die Erinnerung an diese grundlegende Erkenntnis der Reformation für die Evangelische Kirche heute? Für eine Kirche, die mittlerweile nun doch in einer sehr anderen Zeit lebt. Das feindliche Gegenüber zur Römischen-Katholischen Kirche ist ja – Gott sei es gedankt – lange vorbei. Auch wenn etwa Papst Benedikt XVI. noch vor nicht allzu langer Zeit der evangelischen Kirche das Kirchesein „im eigentlichen Sinn" rundweg abgesprochen hat. Aber sonst scheint weit und breit niemand in Sicht, der die Wahrheit gepachtet zu haben meint, dem man nun also in neuer Weise das „Christus allein" entgegenschleudern müsste. Im Gegenteil: Wir leben inzwischen doch eher in einer Gesellschaft, in der es überhaupt keine – und schon gar keine alleinige – Wahrheit mehr zu geben scheint. Was wahr und richtig ist, hat in Zeiten der Pluralisierung jeder für sich zu entscheiden. „Was Gott ist, bestimme ich", titelte vor Jahren eine psychologische Zeitschrift.

Demgegenüber meint „Solus Christus" schlicht und einfach: Was Gott ist, bestimme nicht ich, sondern einzig und allein Gott selbst. Und was sich als herrliche Wahlfreiheit („Was Gott ist, bestimme ich") aufplustert, könnte sich am Ende womöglich als üble Tyrannei entpuppen, die den Menschen in eine heillose Überforderung und Einsamkeit stürzt. Es könnte doch befreiend sein zu wissen, dass die Wahrheit mir vorgegeben ist, dass ich sie gerade nicht ständig neu erfinden muss, dass ich mich auf sie verlassen kann, wie ein Kind sich auf die Liebe der Mutter verlässt, die es ja auch nicht ständig neu erfinden und für sich konstruieren muss. Nicht umsonst bezeichnet der Heidelberger Katechismus diese Gewissheit, „mit Leib und Seele im Leben und im Sterben" nicht sich selbst, sondern einem *anderen*, eben Jesus Christus anzugehören, als „Trost". Ich wüsste jedenfalls dafür weit und breit kein besseres Wort.

Wenn sich also die Evangelische Kirche auch heute noch der Wahrheit des „Christus allein" verpflichtet weiß, dann nicht um eines Prinzips der religiösen Intoleranz willen. Sondern einzig um der Erkenntnis willen, dass es – gerade auch für den heillos und grausam auf sich selbst zurückgeworfenen modernen Menschen – im Tiefsten heilsam ist, sich einer anderen Wahrheit, einer anderen bergenden Macht, einer anderen Liebe anzuvertrauen. Mit dieser grundlegenden Botschaft wird sich die Evangelische Kirche heute sicher nicht überall Freunde machen. Aber das hatten wir ja schon einmal mit der Erinnerung an Martin Luthers „Ich kann nicht anders". Unbeugsamkeit kann manchmal eben auch ihr Gutes haben.

Welche geradezu politische Brisanz das „Christus allein" bekommen kann, wird an einer anderen historischen Erinnerung deutlich. Im Jahr 1934 formulierten die Mitglieder der sogenannten „Bekenntnissynode" zu Barmen: „Jesus Christus, wie er uns in der Heiligen Schrift bezeugt wird, ist das eine Wort Gottes, das wir zu hören, dem wir im Leben und im Sterben zu vertrauen und zu gehorchen haben." Diese Aussage war damals insofern besonders brisant, weil weite Teile gerade auch der Evangelischen Kirche der Meinung waren, man könne Gottes Wort und Willen auch woanders als in Jesus Christus erkennen, etwa in bestimmten geschichtlichen Ereignissen, namentlich im Aufkommen des Nationalsozialismus und in der Person des „rettenden" Führers. Dagegen das Barmer Bekenntnis: „Jesus Christus … ist das eine Wort Gottes." Damals bedeutete das: den Wahrheits- und Machtanspruch „anderer Ereignisse und Mächte, Gestalten und Wahrheiten", wie es in dem Bekenntnis weiter hieß, in Frage stellen. Genau diesen Anspruch erhob aber der NS-Staat. Nur so ist es überhaupt nachzuvollziehen, dass die „Bekennende Kirche", selbst wenn sie sich politisch weithin loyal verhielt, von der Gestapo bespitzelt wurde. Manch ein treuer Prediger dieser urevangelischen Wahrheit wanderte allein deshalb hinter Gitter oder bezahlte gar mit seinem Leben.

Das Bekenntnis zu Jesus Christus als dem „einzigen Trost im Leben und im Sterben" ist mitunter doch noch etwas anderes, Brisanteres oder gar Gefährlicheres als eine heruntergeleierte religiöse Floskel. Christen im Irak, im Iran, in Syrien, Nordkorea, Eritrea oder auch nur in manchen Teilen der Türkei wissen ein leidvolles Lied davon zu singen. Ihre Gewissheit, zu Jesus Christus zu gehören, hat nun so gar nichts mit „think pink" zu tun. Wohl aber mit einem Wissen darum, dass das „Gute" des Evangeliums vielleicht noch woanders zu suchen ist als in jener verbreiteten Selbstverordnung, die Dinge immer und vor allem erst einmal „positiv" zu sehen.

V. Befreit aufatmen

1. Ein merkwürdiger Eindruck

„Evangelisch" kommt von „Evangelium", also einer *guten* Botschaft. Manche übersetzen das griechische Ursprungswort „gut" auch mit „froh" oder gar „froh machend". Schön, wenn sich evangelische Christinnen und Christen schon mit ihrem Namen an etwas „Gutem", „Frohem" oder gar „froh Machendem" orientieren. Dass das wenig mit jenem penetranten Zwang zum „positiven Denken" zu tun hat, haben wir geklärt. Dennoch bleibt die Frage offen, was an dem Evangelium von Jesus Christus eigentlich gut bzw. froh oder sogar froh machend ist. Zumal nicht jeder Christenmensch den Eindruck erweckt, von einer guten oder froh machenden Sache überzeugt oder gar durchdrungen zu sein. Schon vor Jahren spottete der Liedermacher Franz-Josef Degenhardt:

> „Da treten sie zum Kirchgang an,
> Familienleittiere voran,
> Hütchen, Schühchen, Täschchen passend,
> ihre Männer unterfassend,
> die sie heimlich vorwärts schieben,
> weil die gern zu Hause blieben.
> Und dann kommen sie zurück
> mit dem gleichen bösen Blick."

Ein Konfirmand antwortet auf die Frage, was das Christentum sei: „Alles, was man nicht darf". Wie kommt der junge Bursche dazu? Ist das Evangelium vielleicht doch gar keine so „gute" und „froh machende" Botschaft, wie behauptet wird? Oder liegt es nur an den unfrohen, muckerigen und zwanghaften Boten dieser Botschaft, also den Christinnen und Christen, dass jene Botschaft so unfroh „rüberkommt"? Immerhin meinte bereits der Philosoph und Sohn eines evangelischen Pfarrers, Friedrich Nietzsche, sich über die Christen seiner Zeit mit den berühmt gewordenen Worten auslassen zu müssen: „Bessere Lieder müssten sie mir singen, dass ich an ihren Erlöser glauben lerne: erlöster müssten mir seine Jünger aussehen!" Christentum als großes unfrei und unfroh machendes „Muss", eben „alles, was man nicht darf". Norbert Alich und Jürgen Becker, zwei Kölner Kabarettisten, haben in dieser Sache zudem einen wichtigen Unterschied zwischen katholisch und evangelisch ausgemacht, wenn sie zum Karneval singen:

> „Ich bin so froh, dass ich nicht evangelisch bin,
> die haben doch nichts anderes als arbeiten im Sinn.
> Als Katholik, da kannste pfuschen, dat eine is gewiss:
> am Samstag gehste Beichten und fort ist der ganze Driss!"

In der öffentlichen Wahrnehmung regiert offenbar der merkwürdige Eindruck, dass Christsein – zumal evangelisches – und Fröhlichsein doch eher zweierlei sei. „Sie sehen gar nicht wie ein Pastor aus" – diesen Satz hörte ich in den Anfangsjahren meines Pfarrdienstes mehr als einmal bei Hausbesuchen. Abgesehen von der darin steckenden kleinen Schmeichelei lebte diese Äußerung aber vor allem von der allgemeinen Anschauung: Die Kirche hat es doch vor allem mit dem Ernsten und Schweren statt mit dem Frohen und Leichten. Als vor einigen Jahren in der Dortmunder Reinoldikirche eine große öffentliche Trauerfeier für drei im Dienst ermordete Polizistinnen stattfand, war tags darauf in der Zeitung zu lesen: „Reinoldikirche. Hierhin kommt Dortmund, wenn es trauert. Hier versucht die Kirche zu geben, was der Kirche ist."

Die Kirche, so die öffentliche Wahrnehmung und Erwartung, ist doch eher an den dunklen Seiten des Lebens orientiert. Dem entspricht der gerne von politischer Seite der Kirche erteilte Rat, sie solle sich doch gefälligst auf die Seelsorge am einzelnen Mühseligen und Beladenen beschränken. Gemeint ist hier in der Regel: sich aus politischen und gesellschaftlichen Konflikten möglichst heraushalten. Die Kirche solle bitteschön nur das geben, was – angeblich – *nur* der Kirche ist: nämlich den Betrübten und Trauernden Trost zusprechen. Das alles klingt nicht eben nach einer froh machenden Botschaft.

Aber was mag es dann sein, das den Evangelisten Markus und mit ihm viele andere die Botschaft von Jesus Christus als „gut" und „froh machend" bezeichnen lässt?

2. Luthers Entdeckung

Wir erinnern uns: Martin Luthers Widerstand gegen Papst und Kaiser beruhte auf der Überzeugung, von einer anderen Wahrheit zu wissen als der, die ihm und nicht nur ihm von Seiten der damaligen Römischen Kirche entgegentrat. Vielleicht wäre die Wahrheitsverwaltung dieser Kirche für ihn noch angegangen, wenn es denn wirklich die Wahrheit gewesen wäre, die man dort zu verwalten meinte. Aber für Luther verwaltete die Kirche im Kern gar nicht die Wahrheit, sondern die *Unwahrheit*. Die Unwahrheit nämlich, dass der Mensch vor Gott Anerkennung fände aufgrund seiner guten Werke. Übrigens eine bis heute überaus populäre Unwahrheit, wenn man nur einmal auf das gerade in der Evangelischen Kirche so verbreitete Gutmenschentum sieht. Luther seinerzeit sah diese Unwahrheit konkret vor Augen in der Beicht- und Bußpraxis, im Ablasshandel, im Vollzug des Abendmahls als eines vermeintlichen Opfers, in der Marien-, Heiligen- und Reliquienverehrung, in Prozessionen und Wallfahrten, in Fasten und Almosengeben. Für ihn allesamt Versuche, sich vor Gott ein Verdienst zu erwerben, sich ihm gewogen zu machen, mit ihm gewissermaßen ins Geschäft zu kommen.

Dagegen Luthers Bahn brechende Entdeckung in der Bibel: „So halten wir dafür, dass der Mensch gerecht wird *ohne des Gesetzes Werke*, allein durch den Glauben" (Römer 3,28). Mit „Glauben" ist dort bei Paulus nicht irgendeine Religiosität gemeint, sondern der Glaube daran, dass „wir ohne Verdienst gerecht werden aus seiner Gnade durch die Erlösung, die durch Christus Jesus geschehen ist" (3,24). Der Unwahrheit, dass wir vor Gott dadurch gerecht, also von ihm anerkannt und angenommen werden, indem wir uns mit guten und frommen Taten abrackern, dieser Unwahrheit tritt Luther mit der biblischen Wahrheit entgegen, dass das alles überflüssig, ja geradezu kontraproduktiv ist, weil Christus durch seine Gnade bereits dafür gesorgt hat, dass wir vor Gott gerecht dastehen, von ihm anerkannt und angenommen *sind*. Deshalb die spätere protestantische Parole: allein aus Gnade! Lateinisch: sola gratia. Die Gerechtsprechung des Menschen vor Gott durch Christus sozusagen „gratis".

Eine Bahn brechende Entdeckung. Genauer: *Wieder*entdeckung. Denn Luther hatte diese Wahrheit ja nicht bei einer Zen-Meditation oder während eines Waldspaziergangs gemacht, sondern eben aus der Heiligen Schrift gewonnen. Eine wahrhaft *andere* Wahrheit mit einem völlig anderen Namen, eben: „Evangelium von *Jesus Christus*". Anders deshalb, weil diese Wahrheit für ihn nun so gar nichts mehr mit Drohung, Angstmache oder „allem, was man nicht darf", zu tun hatte. Wohl aber mit einem befreiten Aufatmen und einer „großen Freude", wie es im Weihnachtsevangelium heißt (Lukas 2,10). „Evangelium heißt eine freundliche Lehre und eine tröstliche Botschaft", sagt Luther. „Wie wenn ein reicher Mann einem armen Bettler tausend Gulden zusagte. Das wäre ihm ein Evangelium, eine fröhliche Botschaft, die er gern hören und von Herzen fröhlich darüber würde." Man geht nicht fehl, in dieser Wiederentdeckung des Evangeliums als einer rundweg guten und erfreulichen Botschaft den Anfang und bleibenden Grund der Evangelischen Kirche zu sehen.

3. Ein empfindlicher Nerv

Lange hat man gemeint, die reformatorische Erkenntnis von der Gerechtsprechung des Menschen „ohne des Gesetzes Werke" sei etwas von vorgestern. Sei eine Wahrheit, die schon in ihrer ganzen Wortwahl so sehr dem 16. Jahrhundert verhaftet sei, dass sie deshalb dem Menschen von heute nicht mehr zu vermitteln sei. Wer glaube denn heute noch an einen zur Rechenschaft ziehenden Gott? Wer habe denn heute noch das Problem, das Luther umgetrieben habe, eben die Frage: Wie bekomme ich einen gnädigen Gott? Wer denke denn heute noch ernsthaft in den Kategorien von Schuld und Sühne, Unrecht und Rechtfertigung?

Aber Vorsicht. Nur weil uns eine bestimmte Begrifflichkeit fremd geworden ist, muss die damit gemeinte *Sache* noch lange nicht erledigt sein. In der Sache hat das „sola gratia" eine erstaunliche Aktualität. Es mag sein, dass der Mensch von heute sein Leben nicht mehr wie der Mensch zu Luthers Zeiten vor Gott zu rechtfertigen versucht. Es mag sein, dass da an die Stelle Gottes inzwischen andere Instanzen getreten sind: die Gesellschaft, das Milieu, das, was „man" zu tun oder zu lassen hat, die Erwartungen anderer oder die eigenen Moralvorstellungen oder Lebenskonzepte. Es mag da mittlerweile viele Götter und Göttinnen geben, die unser Leben bestimmen. Und auch sie fordern von uns reichlich Tribut, reichlich Opfer, reichlich „Werke": sei es meinen sozialen Status, sei es meine bürgerliche Rechtschaffenheit, sei es mein Sympathisch-, Schön-, Gesund-, Erfolgreich-, Humorvoll- oder sonst wie Attraktivsein. Von all dem hängt doch immer noch massiv ab, ob ich anerkannt, akzeptiert, „okay" – in der Sprache des 16. Jahrhunderts „gerechtfertigt" – bin: vor den anderen, vor mir selbst, vor irgendwelchen Glücksmaximen oder sonst welchen Göttern, an denen, wie Luther sagt, „mein Herz hängt".

„Sola gratia – allein aus Gnade", das trifft einen empfindlichen Nerv des heutigen Menschen, der zuhöchst von seiner Selbstinszenierung lebt, von dem, was er eben aus sich und seinem Leben „macht". „Sola gratia" wirft uns zurück auf die nüchterne, aber eben vielleicht auch befreiende Erkenntnis, dass wir – nicht vor den selbstgemachten modernen Götzen, wohl aber – vor Gott präzise *nichts* tun müssen, um seine Gunst zu erwerben. Es ist ein tiefes, befreiendes Aufatmen, das von dieser reformatorischen Erkenntnis über die Jahrhunderte hinweg noch zu uns herüberweht. Gott sei Dank muss ich einmal nichts tun. Gott sei Dank kann ich mir einmal einfach etwas schenken lassen. Gott sei Dank bin ich den Stress los, immer gut dastehen, immer etwas vorweisen, immer etwas aus mir und meinem Leben machen zu müssen.

„Sola gratia – allein aus Gnade" – was für eine wichtige, befreiende Botschaft, die da der christlichen Gemeinde anvertraut ist, gerade heute, in Zeiten, in denen die Parolen von einem auf Deubelkomm-raus „gelingenden Leben", die Parolen von „Hauptsache

Spaß", „Hauptsache gesund", „Hauptsache Erfolg" inzwischen zu Tyrannen geworden sind, unter denen Menschen zusehends leiden, auch wenn ihre Keep-smiling-Masken etwas anderes weismachen wollen. „Sola gratia – allein aus Gnade" – es könnte sein, dass gerade der Mensch von heute, dieser freudlose Sklave seiner eigenen Selbstinszenierung, im Tiefsten nach nichts anderem so sehr hungert und dürstet wie nach dieser Zusage: Ich bin angenommen und geliebt – „ohne des Gesetzes Werke", ohne irgendeine Vorleistung, umsonst. Gratis. Sola gratia.

Und: Was für eine wunderbare, wichtige Aufgabe für eine evangelische Gemeinde heute, diese wahrhaft gute Botschaft mit Leidenschaft, Engagement und Fantasie unters Volk zu bringen.

VI. Einfach glauben

1. „Manche Sachen, die wir getrost belachen"

Es klingt vielleicht merkwürdig, aber die Antwort auf die Frage, wie man sich denn nun jener guten Botschaft, die einen befreit aufatmen lässt, gegenüber verhalten soll, ist: einfach glauben. Wir müssen es zunächst in der Tat so schlicht sagen. Dennoch ist es sicher ein wenig erklärungsbedürftig, zumal sofort etliche Einwände am Horizont aufflackern. Einfach glauben? Ja, was denn? Wie denn? Weshalb denn? Ist es nicht so, dass wir mittlerweile – Gott sei Dank! – gerade *nicht* mehr „einfach" alles glauben, was uns von irgendwoher vorgesetzt wird? Sind wir als aufgeklärte Mitteleuropäer – Gott sei Dank! – nicht längst über den Status religiöser Unmündigkeit hinaus? Geht es nicht gerade auch in einem evangelischen Christentum, das sich doch sonst so viel auf seine Aufgeklärtheit und Rationalität zugute hält, um einen *mündigen* Glauben, der den vielen Fragen einer modernen Welt einigermaßen standhalten kann? Und jetzt sollen wir als Erstes nichts weiter als einfach glauben?

Gemach. Bevor wir uns in weiteren Empörungen ergehen, müssten wir uns vielleicht einmal in Ruhe über das verständigen, was wir überhaupt unter Glauben verstehen. Da gibt es ja eine Menge verschiedener Ansichten. „Ich glaube nur an das, was ich sehen kann", lautet eine davon. Gemeint ist offenbar: Für mich ist nur wahr, d. h. real existierend, was ich sehe. Eine seltsame Ansicht, mit Verlaub gesagt. Denn nach dieser Logik müsste man sogleich etwa die Schwerkraft, den Duft einer Rose oder den Wohlklang einer Mozartsonate für nicht-existent erklären.

Halt, könnte ein anderer sagen, das „Sehen" steht hier ja nur stellvertretend für alle sinnliche Wahrnehmung. Jener Satz meint doch im Kern: Ich halte nur das für wahr und real existierend, was ich überhaupt sinnlich wahrnehmen kann: nicht nur sehend, sondern auch riechend, schmeckend, hörend, fühlend. Biblisch befänden wir uns da übrigens in respektabler Gesellschaft. Als der auferstandene Christus erneut unter seine Jünger tritt, will einer von ihnen, Thomas, das einfach nicht wahrhaben, solange er den Herrn nicht sinnlich erfasst hat: „Wenn ich nicht in seinen Händen die Nägelmale sehe und meinen Finger in die Nägelmale lege und meine Hand in seine Seite lege, kann ich's nicht glauben" (Johannes 20,25). Die Sache mit dem „nur glauben, was ich sehe", gibt es also scheint's schon länger und ist mitnichten eine ausschließliche Angelegenheit des aufgeklärten, modernen Menschen von heute.

Doch auch die Logik mit der allgemeinen sinnlichen Wahrnehmung will nicht so recht einleuchten. Kann ich etwa die Richtigkeit des Pythagorassatzes, der für die Berechnung vieler Häuser, Brücken und Maschinen elementar wichtig, also sehr real existierend ist, sinnlich wahrnehmen? Kann ich etwa die Schönheit eines Rilke-Gedichts, die Stringenz eines schlagenden Arguments oder den umwerfenden Witz einer Situationskomik sehen, riechen, schmecken, hören, tasten? Gewiss brauche ich meine Sinne, um ein Gedicht überhaupt lesen oder ein Argument überhaupt hören zu können. Aber die Schönheit eines Gedichts, die Stringenz eines Arguments, der Witz einer Situation – sie alle befinden sich doch offensichtlich noch einmal auf einer anderen Ebene. „Ich glaube nur an das, was ich sehen kann"? Da möchte man doch zunächst einfach mit Matthias Claudius antworten: „Seht ihr den Mond dort stehen? Er ist nur halb zu sehen und ist doch rund und schön. So sind wohl manche Sachen, die wir getrost belachen, weil unsre Augen sie nicht sehn."

Man könnte sicher noch manch andere „Sachen, die wir getrost belachen", nur weil wir sie nicht sehen, schmecken oder betasten können, nennen. Auch die Wahrhaftigkeit einer Liebesbekundung, die Tragfähigkeit eines Vertrauensvorschusses oder die Hoffnung auf bessere Verhältnisse können wir nicht einfach sehen, schmecken oder betasten. Sind sie deshalb weniger existent? Weniger wichtig? Weniger bedeutsam für die Gestaltung unseres realen Lebens und unserer realen Welt?

2. Sich vertrauensvoll einlassen

Wenn wir verstehen wollen, was es – zumindest für den evangelischen Glauben – mit „glauben" auf sich hat, müssen wir vielleicht noch einmal neu anfangen. Und weil wir gelernt haben, dass es für den evangelischen Glauben von grundlegender Bedeutung ist, zunächst einmal die Bibel aufzuschlagen, wollen wir das auch jetzt tun.

Im Alten Testament wird uns z. B. von Abraham erzählt, einem Menschen, der mit seiner Familie, seinem Gesinde und Vieh in Haran wohnt, einer Stadt im Norden. An ihn ergeht das Wort Gottes: „Geh aus deinem Vaterland und von deiner Verwandtschaft und aus deines Vaters Hause in ein Land, das ich dir zeigen will." (1. Mose 12,1) Wenig später lesen wir: „Da zog Abraham aus, wie der Herr zu ihm gesagt hatte." (12,4) Wir können fragen: Wie kommt ein

Mensch, von dem wir annehmen dürfen, dass er durchaus lebenserfahren ist und seine fünf Sinne beieinander hat, dazu, einfach mir nichts, dir nichts alles stehen und liegen zu lassen und sich in eine völlig ungesicherte Zukunft hinein zu begeben? Verspäteter jugendlicher Leichtsinn oder altersbedingte Verrücktheit? Die Bibel selbst deutet sein Verhalten anders. „Abraham glaubte dem Herrn und das rechnete er ihm zur Gerechtigkeit." (15,6) Wir haben hier eine feine Spur aufgenommen für das, was die Bibel unter „glauben" versteht. Es ist offenbar ein schlichtes *Vertrauen* gemeint: Abraham *vertraute* dem Herrn, und das rechnete er ihm zur Gerechtigkeit. Das macht Sinn, auch wenn der Vorgang mit Sinnlichkeit erst einmal gar nichts zu tun hat.

Hatten wir so etwas Ähnliches nicht schon einmal mit den „Sachen, die wir getrost belachen, weil unsre Augen sie nicht sehn"? Wer beweist mir denn etwa die Wahrheit, Realität und Tragfähigkeit des zu mir gesprochenen Satzes „Ich liebe dich"? Die Wahrheit eines solchen Satzes erweist sich für mich doch nur dann, wenn ich mich auf ihn schlicht – sollen wir sagen: vertrauensvoll? – *einlasse*. Die Schönheit einer liebenden Beziehung lebt doch ganz und gar von solch einem vertrauensvollen Sich-auf-einander-Einlassen. Wer in einer liebenden oder auch nur freundschaftlichen Beziehung anfängt, zu kontrollieren, etwas abzusichern oder gar zu beweisen, hat im Grunde die Liebe schon zerstört. Der Rest ist – bestenfalls – eine Geschäftsbeziehung.

Wenn wir die kleine Abrahamgeschichte richtig verstanden haben, so scheint es ähnlich auch in der Beziehung zwischen Mensch und Gott zu sein. Unter dem Aspekt der Absicherung oder sinnlichen Beweisführung ist sein Verhalten in der Tat völlig verrückt, um nicht zu sagen verantwortungslos, zumindest seiner Familie gegenüber. Unter dem Aspekt des Sich-Einlassens auf eine liebende Zuwendung indes ist sein Verhalten durchaus nachvollziehbar. Abraham lässt sich ja nicht blindlings auf ein Nichts ein, sondern auf eine ihn zuvor erreichende Zusage: „Ich will dich segnen. Und du sollst ein Segen sein." (12,2) Im Vertrauen *darauf* macht er jenen „verrückten", aber eben nun doch auch nachvollziehbaren Schritt ins Unbekannte. Es ist wie bei zwei Liebenden, die Ja zueinander sagen. Für Außenstehende vielleicht verrückt. Aber für die Liebenden selbst, die sich nun einmal auf einander eingelassen haben und einander eben vertrauen, womöglich völlig „plausibel", real und tragfähig.

3. Keine Geschäftemacherei

Die Abrahamgeschichte steht nun gewissermaßen Pate, wenn in der Bibel von „glauben" die Rede ist. Der Apostel Paulus etwa bezieht sich verschiedentlich ausdrücklich auf ihn (etwa Römer 4, Galater 3, Hebräer 11). Wo Menschen glauben, reagieren sie auf eine sie zuvor erreichende Zuwendung, vertrauen sie einer liebenden Beziehung, die Gott zuvor gestiftet hat und ihnen nun machtvoll zusagt. Und es bleibt dabei: Man kann auch in der Beziehung zu Gott nach Absicherung, nach Beweisen oder sinnlichen Handgreiflichkeiten verlangen oder spöttisch fragen: „Wo ist nun dein Gott?" (Psalm 42,4) „Glauben" würde die Bibel das nicht nennen. Man kann sich aber auf Gottes Zusage auch einlassen und seinem Wort schlicht vertrauen. Und ähnlich den Liebenden machen die Menschen in der Bibel – und nicht nur sie – mit solch einem Vertrauen nicht selten ganz neue und durchaus auch wunderbare Erfahrungen.

In späterer Zeit ist dieses Verständnis des Glaubens in der Formel „sola fide" zusammengefasst worden: „allein durch den Glauben". Er bezieht sich auf den bereits erwähnten Satz des Apostels Paulus: „So halten wir dafür, dass der Mensch gerecht wird ohne des Gesetzes Werke, allein durch den Glauben" (Römer 3,28). Und nun verstehen wir vielleicht auch, weshalb dieser Satz den Reformatoren so wichtig war. „Sola fide" war ihnen nämlich das exakte biblische Gegenmodell zu dem Glaubensmodell, das ihnen die römische Kirche der damaligen Zeit bis dahin als das einzig richtige im wahrsten Sinne des Wortes „verkauft" hatte: Glauben als fromme Leistung. Glauben als religiöse Übung oder gar Opfer. Als mildtätiges Handeln oder auch zahlungskräftige Spende. Als Rosenkranzbeterei, Heiligenverehrung, Reliquienkult, Pilgerfahrt und Selbstentsagung. Paulus würde formulieren: Glauben als „Werk". Wir könnten auch sagen: als eine geschäftliche Vorleistung für eine nur von der Kirche zu vergebende Ware, eben der Gnade.

Nun verstehen wir vielleicht auch, weshalb gerade an diesem Punkt die Reformatoren so empfindlich reagiert haben. Dieses – damalige römische – Verständnis des Glaubens war für sie nicht nur das exakte Gegenteil, sondern der eklatante Widerspruch, ja die freche Leugnung und brutale Vernichtung dessen, was uns die Bibel als Glauben nahelegt: nämlich das schlichte Vertrauen in Gottes Zusage. „Sola fide" meint für den evangelischen Glauben also nicht die Flucht in eine religiöse Infantilität, nicht ein nostalgisches Zurück in voraufklärerische Zeiten oder gar Verzicht auf den gesunden Menschenverstand. Es meint die vertrauensvolle Annahme des Evangeliums, das weder erworben noch verdient oder bezahlt, sondern – eben – nur einfach geglaubt werden kann.

VII. Glauben und Verstehen

1. Ein Rest Romantik?

Einfach glauben. Sich einlassen. Das mag für manch einen nun doch ein wenig zu schlicht klingen und am Ende vielleicht sogar die alten Vorbehalte gegenüber dem christlichen Glauben bedienen. Da sieht man's mal wieder: Wer glaubt, der kann seinen Verstand doch gleich an den Nagel hängen. Oder wie Hanns Dieter Hüsch einen Kritiker des Christentums sagen lässt:

> „Und nichts ist bewiesen,
> die Kirche ist doch ein alter Hut,
> was für alte Leute, wo man betet und greint."

Ja, „wer's glaubt, wird selig", spottet der Volksmund und meint damit offensichtlich, dass der Glaube wenig mit Verstand und Vernunft, sondern eher mit Naivität, mit Träumen und irrealen Wunschvorstellungen zu tun hat. Dass, „wer's glaubt", geradezu in eine andere, „selige" Welt entführt wird, die mit der Wirklichkeit, die es nüchtern wahrzunehmen und rational zu bewältigen gilt, wenig zu tun hat. Der alte Vorwurf gegenüber dem christlichen Glauben: „Und nichts ist bewiesen." Vielmehr ein irrationaler Wust von historisch unbewiesenen Tatsachen, mythologischen Bildern und mitunter zum Himmel schreienden Vorstellungen von vorgestern. Wie oft mussten seinerzeit etwa in den Schulen der DDR Kinder aus christlichen Häusern den Spott ihrer Lehrer und Mitschüler über sich ergehen lassen, dass eben „nichts bewiesen" sei. Wie gerne wurde immer wieder etwa Juri Gagarin, der erste Mensch im All, mit den Worten zitiert, er sei in den Weltraum geflogen, aber habe „Gott dort nicht gesehen".

Man sollte meinen, dass das Image der Unvernünftigkeit, unabhängig davon, ob es nun zutrifft oder nicht, dem christlichen Glauben auf Dauer Schaden zugefügt habe. Eigenartigerweise scheint es aber gerade umgekehrt. Dass der Glaube vermeintlich etwas Irrationales, „Mystisches", Unmodernes, gar Romantisches an sich hat, gewinnt für manche Menschen offenbar eine neue Attraktivität. Es scheint fast so, als habe die „moderne Welt", in der alles erklärt, alles durchrationalisiert, alles per Mausklick erfasst werden kann, zumindest für bestimmte Gelegenheiten des Lebens seinen Reiz verloren. Man sehnt sich zurück nach Übersinnlichem. Man schämt sich nicht mehr, seinem Sternzeichen eine persönliche Bedeutung beizumessen. Fantasy-Romane erobern die Bestseller-Listen. Mittelalterliche Märkte mit Zaubersprüchen und keltischen Sonnengesängen verzeichnen Besucherrekorde. Man könnte fast meinen: Je irrationaler, desto besser.

Vor mir sitzt ein junges Paar. Beide wollen demnächst heiraten und sich auch kirchlich trauen lassen. Wie das in solchen Gesprächen so üblich ist, nähert man sich zunächst einmal über die alltäglichen Dinge des Lebens an. Dabei machen beide sehr bald den Eindruck, dass sie zwei und zwei durchaus zusammenzählen können. Sie ist in einem Reisebüro beschäftigt und hat den ganzen Tag damit zu tun, entsprechend den Wünschen der Kunden die jeweils günstigsten Angebote herauszufinden. Da darf der Verstand durchaus schon einmal eingeschaltet sein. Ähnlich verhält es sich mit dem Bräutigam, der „in der IT-Branche" beschäftigt ist. Obgleich ich von diesen Dingen nicht zu viel verstehe, wird mir doch rasch deutlich, mit welch kühler Rationalität der junge Mann die Arbeitsverhältnisse in seiner Firma, die grundsätzlichen Perspektiven der von ihm vertretenen Produktpalette und nicht zuletzt seine eigenen beruflichen Chancen einzuschätzen vermag.

Vergleichbar sachlich und überlegt sind beide im Hinblick auf das nun zu gestaltende gemeinsame Leben vorgegangen. Die Wohnung liegt aus verschiedenen Gründen günstig, ihre Miete befindet sich in einem vertretbaren Preis-Leistungsgefälle. Der Kauf von Couchgarnitur, Einbauküche und Boxspringbett mit Elektromotor ist zu vorteilhaften Konditionen auf den Weg gebracht. Die Planung der eigentlichen Feier im nahe gelegenen „Waldschlösschen" trotz aller Hektik immer noch im grünen Bereich. Nun geht es im Gespräch natürlich auch irgendwann um die kirchliche Trauung. Auf meine Frage, was sie dazu bewogen habe, auch diesen Schritt zu wählen, sagt sie: „Ach, wissen Sie, so eine bloße standesamtliche Trauung ist mir doch zu kalt. Ich finde, ein bisschen Romantik gehört zu einem solchen Tag auch dazu. Ich bin da eben noch so ein wenig altmodisch. Aber da stehe ich auch zu." Er nickt zustimmend: „Tja, für das Emotionale ist bei uns meine Freundin zuständig. Ich bin da, ehrlich gesagt, etwas nüchterner. Aber das ist schon o. k. so."

Es mag nicht wenige Pfarrerinnen und Pfarrer geben, die sich über einen solchen Gesprächsverlauf durchaus freuen. So hat denn das Christentum auch in einer aufgeklärten und durchrationalisierten Welt doch noch sein anerkanntes Plätzchen behalten. Wenn es schon nichts mit Vernunft und Verstand zu tun hat, dann doch wenigstens mit Gemüt, Romantik und Nostalgie. Aber besteht solche Freude wirklich zu Recht? Wie verhält sich in dieser Frage eigentlich der christliche Glaube selbst? Entspricht es überhaupt seinem Selbstverständnis, wenn alles Rationale, alles Verstandesmäßige, alles, was eben nicht nur „einfach zu glauben", sondern vielleicht auch zu *wissen* ist, von vornherein aus seinem Zuständigkeitsbereich ausgelagert ist?

Die Frage als solche ist jedenfalls nicht ganz neu und in der Geschichte des Christentums immer wieder vor allem an dem Verhältnis von Glaube und Vernunft, Theologie und Philosophie bedacht worden. Grob zeichnen sich da etwa folgende Linien ab: Während man in der Alten Kirche hier wenig Konfliktpotenzial sah, ja die Theologie geradezu als die „wahre Philosophie" angesehen werden konnte, kommt es im Mittelalter mehrheitlich dazu, die Philosophie als „Magd der Theologie" anzusehen. Die Vernunft hat dem Glauben zu dienen, d. h. das, was als Wahrheit feststeht, nun auch plausibel zu machen und so als wahr zu erweisen. Auf dieser Linie liegen auch die verschiedenen Versuche der sogenannten „Gottesbeweise" – bis weit über das Mittelalter hinaus.

Die Reformatoren tendieren eher zu einer Entgegensetzung von Glaube und Vernunft, Theologie und Philosophie. Die in der Heiligen Schrift bezeugte Offenbarung Gottes in Jesus Christus entziehe sich aller rationalen Plausibilität. Das „Wort vom Kreuz" sei denen, die „nach Weisheit fragen", eine „Torheit" (1. Korinther 1,18 ff). In der Neuzeit kehrt sich das alte Verhältnis von Glaube und Vernunft mehr und mehr um. Nun ist es zunehmend die Vernunft, die das Sagen hat und vor deren Autorität sich, wenn überhaupt, eben auch der christliche Glaube zu verantworten hat. Heutzutage hat man den Eindruck, als führten Glaube und Vernunft im alltäglichen Leben eher ein schiedlich-friedliches Nebeneinander, das von einer herzlichen gegenseitigen Gleichgültigkeit bestimmt ist. Ein bisschen Glaube, ein bisschen Romantik, ein bisschen Nostalgie in einer rationalisierten Welt? Warum nicht? „Ich bin da eben noch so ein wenig altmodisch, wissen Sie."

2. Vertrauen und Erkennen

Wenn wir für einen Moment die Bibel in dieser Sache zu Rate ziehen wollen, müssen wir einen kleinen Umweg machen. Das hängt damit zusammen, dass unsere Frage zu Zeiten des Alten und Neuen Testaments einfach noch keine war. Die Alternativen, mit denen sich die biblischen Schriften auseinandersetzen, sind nicht Glaube und Vernunft, sondern Glaube und Unglaube, Christentum und Heidentum, Gott und die Götter. Gleichwohl gibt es eine bestimmte Spur, die auch für unsere Fragestellung hilfreich scheint.

Auffallend ist immerhin, dass im Zusammenhang mit dem Glauben an Gott immer wieder das Wort „Erkennen" auftaucht. „Erkennet, dass der Herr Gott ist!" heißt es etwa im 100. Psalm. Ja, Gott selbst hat, wie es der Prophet Hosea ausdrückt, „Lust an der Erkenntnis Gottes" (Hosea 6,6). Und im Neuen Testament heißt es von Jesus Christus verschiedentlich, dass er als solcher eben „geglaubt und *erkannt*" worden ist (Johannes 6,69). Wir hören daraus: Glauben ist nach biblischem Verständnis gerade nicht – wie vielfach behauptet – „blind", sondern umgekehrt: erkennend, also, um im Bild zu bleiben, „sehend", wach und nach Wissen verlangend. Insofern scheint Julie Hausmann durchaus Unrecht zu haben, wenn sie in ihrem 1862 getexteten Lied „So nimm denn meine Hände" behauptet: „Lass ruhn zu deinen Füßen dein armes Kind: es will die Augen schließen und glauben blind" (EG 376,2). Die Menschen der Bibel, die es mit dem Glauben versuchen, wollen gerade nicht „blind", sondern erkennend, also wissend und verstehend glauben. Da hat Ernst Moritz Arndt schon eher Recht, wenn er in seinem 1819 entstandenen Lied sagt: „Ich *weiß*, woran ich glaube" (EG 357,1).

Besonders deutlich wird dieser Zusammenhang von Glauben und Erkennen, wenn es in der Bibel um so etwas wie „Lehre" bzw. „Unterweisung" geht. Diese gehören von Anfang an zur Geschichte des Glaubens. Mose etwa hat nicht nur die Aufgabe, sein Volk zu führen, sondern eben auch in den Geboten zu *„unterweisen"* (2. Mose 24,12). Und der Psalmbeter bittet immer wieder inständig darum, dass Gott selbst ihn seine Weisungen *„lehren"* möchte. Für die Bibel reicht es nicht aus, nur „einfach zu glauben", sondern da will offenbar auch immer etwas *verstanden* werden. Der Glaube will *wissen*, worauf er sich vertrauensvoll einlässt. Das wird an manchen neutestamentlichen Geschichten besonders anschaulich. Etwa bei dem Kämmerer aus Äthiopien, der sich von Philippus in der Wüste taufen lässt, *nachdem* dieser ihn einigermaßen eingehend im christlichen Glauben unterwiesen hat (Apostelgeschichte 8,26 ff). Oder vorher schon die vielen Menschen in Jerusalem, nahezu dreitausend an der Zahl, die von der Predigt, der „Lehre", des Petrus so beeindruckt sind, dass sie nun unbedingt getauft werden wollen (2,41).

Dabei ist Unterweisung im Glauben offenbar kein einmaliger Vorgang. Von der ersten christlichen Gemeinde in Jerusalem heißt es: „Sie blieben aber beständig in der Lehre der Apostel" (Apostelgeschichte 2,42). *Beständig!* D. h. Unterweisung im Glauben, also das Bemühen um ein Verstehen dessen, was der Glaube inhaltlich bedeutet, gehört fortan zu ihrem Christsein dazu, genauso wie die dort ebenfalls erwähnte „Gemeinschaft", das „Brotbrechen" und das „Gebet". Es erinnert unschwer an die in Israel gepflegte Praxis, den Glauben immer wieder von einer Generation an die nächste weiterzugeben. „Gott, wir haben mit unsern Ohren gehört, unsre Väter haben's uns erzählt, was du getan hast zu ihren Zeiten, in alten Tagen" (Psalm 44,2).

Dabei werden hier und da auch gerne äußere Gegenstände als Zeichen in Anspruch genommen. Wir würden heute vielleicht von „Symboldidaktik" sprechen. So etwa die Steine am Ufer des Jordans, die die nachfolgenden Generationen an Gottes Befreiungstat erinnern sollen: „Wenn eure Kinder später einmal fragen: Was bedeuten euch diese Steine? So sollt ihr ihnen sagen …" (Josua 4,6f.). Im Judentum findet sich dieser Vorgang bis heute vor allem in der Pessach-Liturgie, wo verschiedene Gegenstände (ungesäuertes Brot, Salzwasser, Bitterkräuter, Gewürzmus, Fleischknochen und Kelch) dazu dienen, wichtige Inhalte des Glaubens zu veranschaulichen und an die kommende Generation weiterzugeben. Das alles, weil zum Glauben eben nicht nur das Vertrauen, sondern wesentlich auch das Erkennen gehört. Deshalb definiert etwa der Heidelberger Katechismus den Glauben als „herzliches Vertrauen" *und* „zuverlässige Erkenntnis" (Frage 21).

3. Den Verstand in Anspruch nehmen

Der evangelische Glaube hat also, wenn man so will, ein durchaus entspanntes Verhältnis zum Thema „Vernunft". Warum sollten wir diese wunderbare menschliche Fähigkeit, die Dinge des Lebens zu bewältigen, auch gering achten? Die Frage ist nur, welchen Stellenwert wir dieser Fähigkeit zumessen. Sehen wir sie als absoluten, womöglich sogar feindlichen Herrscher an, dann wird man vom Glauben aus nur auf Abstand zur Vernunft gehen, ihr vielleicht sogar nur den Kampf ansagen können. Ob dabei am Ende etwas für beide Seiten Sinnvolles herauskommt, wird man bezweifeln dürfen. Etwa der unselige Streit zwischen sogenannten „Kreationisten" und „Darwinisten" im heutigen Amerika oder noch einmal jene dümmlichen und entwürdigenden Szenen in den Schulzimmern der damaligen DDR sind da nur zwei von vielen schwer erträglichen Beispielen.

Einen für die evangelische Theologie wichtigen Beitrag in dieser Frage hat bereits vor Jahrhunderten der große mittelalterliche Theologe Anselm von Canterbury (1033 – 1109) abgeliefert mit seiner Formel „fides quaerens intellectum", zu Deutsch: „der Glaube, der nach Erkenntnis sucht". Mit dem Glauben, also mit dem schlichten Vertrauen und sich Einlassen beginnt es. Aber es bleibt dabei nicht stehen. Der christliche Glaube an Gott verlangt einfach danach, nun auch zu *verstehen*, was es etwa mit seiner Allmacht, mit der Schöpfung, mit Leben, Sterben und Auferstehen Jesu Christi, mit dem Heiligen Geist, mit der Kirche, mit der Gemeinschaft der Heiligen, mit der Vergebung der Sünden und der Hoffnung auf das ewige Leben auf sich hat, um es einmal mit ein paar Worten aus unserem Glaubensbekenntnis zu sagen. Glauben nach evangelischem Verständnis ist kein gedankenloses „Friss, Vogel, oder stirb!", sondern das – vielleicht immer wieder neue – Ringen nach rechter Erkenntnis. Die häufig zu hörende und mit einer gewissen Geringachtung hingeworfene Bemerkung „Tja, das kann man dann eben nur glauben" trifft in ihrer Intention jedenfalls nicht das Selbstverständnis des evangelischen Glaubens.

Karl Barth, der große evangelische Theologe des 20. Jahrhunderts, hat deshalb das Denken des Glaubens als ein grundsätzliches „Nach-Denken" charakterisiert. Das ist hier durchaus wörtlich gemeint. Wenn der Glaube denkt, also seine Vernunft in Anspruch nimmt, dann tut er es nicht, um den Gegenstand des Glaubens denkerisch zu *begründen,* ja womöglich auf diese Weise noch Gottesbeweise zu liefern, sondern um den Gegenstand des Glaubens – allerdings unter Inanspruchnahme auch des Denkens – nachträglich zu *begreifen.* Das ist insofern nötig, weil der Glaube, wie wir nicht zuletzt von Israel gelernt haben, ja weitergegeben werden will. Weitergeben kann man aber in der Regel nur das, was man auch selbst einigermaßen begriffen hat. Das wird jeder Mathematiklehrer bestätigen.

Anselm von Canterbury ist mit seinem Grundsatz „fides quaerens intellectum" allerdings noch ein Stück weitergegangen, indem er versuchte, etwa in dem eigentlich ja unergründlichen Geheimnis der Menschwerdung Gottes nachträglich eine Art „zwingende Logik" zu entdecken. Oft ist dieser Versuch gerade von evangelischer Seite heftig kritisiert worden. Man warf Anselm vor, nun mit seinem „Intellekt" etwas zu konstruieren und logisch notwendig zu machen, was doch letztlich nicht zu ergründen sei. Diese Kritik ist berechtigt, wenn sie denn von der Absicht getragen ist, die unbedingte Freiheit Gottes zu wahren. Gott muss der freie Herr der Welt sein und bleiben. Sein Handeln kann nicht unter die Gesetze menschlicher Logik gezwungen werden. Gleichwohl bleibt an Anselms Versuch zu würdigen, dass er den Glauben – nach und in allem vorausgehenden Vertrauen – eben auch gedanklich nachvollziehbar machen möchte. Um es mit dem programmatischen Titel der Aufsatzsammlung eines anderen großen Theologen des 20. Jahrhunderts, Rudolf Bultmann, zu sagen, es geht um „Glauben und Verstehen". Manche verunsicherten Christenmenschen hat er genau mit diesem theologischen Programm überzeugt.

Schließlich könnten unsere Erwägungen am Ende zu einer interessanten praktischen Konsequenz führen, was etwa die Gestaltung evangelischen Gemeindelebens angeht. Häufig wird ja beklagt, man habe es – gerade in der Evangelischen Kirche – mittlerweile mit einem eklatanten Nicht-Wissen grundlegender Glaubensinhalte, mit einem völligen Traditionsabbruch, ja mit einer Art „religiösem Analphabetentum" zu tun. Könnte es nicht auch daran liegen, dass der Mensch von heute sich – mit Recht – einfach nicht mehr damit zufriedengeben möchte, mit einem „Tja, das kann man dann eben nur glauben" abgespeist zu werden? Dass er mit ausgeleierten Floskeln wie „Jesus liebt dich" oder „Gott nimmt dich so an, wie du bist", mit einem bloßen Singspruch aus Taizé oder einer Kerzenaktion zur Osternacht manchmal einfach *unterfordert* ist und – mit Recht – danach verlangt, auch einmal etwas zu wissen, zu verstehen und nachzuvollziehen?

In Zeiten, in denen uns der Glaube häufig nur noch als eine spirituelle Gefühligkeit verkauft wird, könnte es doch einer evangelischen Gemeinde gut anstehen, sich auch der *Inhalte* des Glaubens nicht zu schämen. Gottesdienst, Unterricht, gemeindliche Treffpunkte – es gibt gewiss viele Gelegenheiten, diese Inhalte verständlich, anschaulich, abwechslungsreich und kreativ zu vermitteln. Eine verantwortliche evangelische Gemeinde wird sich also nicht so schnell an der mancherorts so beliebten Geißelung und Geringachtung des menschlichen Verstandes beteiligen, sondern diesen als eine gute Schöpfungsgabe Gottes in Anspruch nehmen, damit das Evangelium, wie Luther sagt, „im Schwange gehe".

VIII. Nüchtern fromm sein

1. Ein Wort, das keinen besonders guten Ruf besitzt

Sola fide. Sich einlassen. Einfach glauben. Von mir aus auch: glauben und verstehen. Da kann einer sagen: Das ist nun doch wieder typisch protestantisch. Alles viel zu gedanklich. Alles viel zu abstrakt, viel zu theoretisch, grau und blutleer. Da lob ich mir doch die guten alten Religionen, in denen es ein wenig handfester, ein wenig anschaulicher und auch ein wenig sinnenfreudiger zugeht. Feste Rituale, religiöses Brauchtum, inneres Erleben. Das Bekreuzigen beim Betreten einer Kirche, Heiligenbilder und Pilgerfahrten, die Segnung der neuen Feuerwehrspritze im Dorf. Von mir aus auch die erhabenen Gefühle beim Anblick eines morgendlichen Waldes oder des Dachsteingipfels. „Jedes Abendrot ist ein Gebet", singen die Kastelruther Spatzen.

Haben sie nicht einfach Recht? Macht es sich der evangelische Glaube nicht allzu leicht, diese Dinge von vornherein zu belächeln? Und könnte es nicht sogar sein, dass z. B. die Russische Kirche etwa während der vielen Jahrzehnte in der atheistischen Sowjetunion nur deshalb überlebt hat, weil sie eben an ihren Ritualen, an ihrem gewachsenen Brauchtum, an ihrer geprägten Frömmigkeit unbeirrt festgehalten hat? Die Anfrage ist durchaus berechtigt. Mit einfach

„glauben und verstehen" kann es sicher auch für einen evangelischen Christenmenschen nicht sein Bewenden haben. Denn was folgt daraus eigentlich für die *Praxis* des Glaubens? Für das normale christliche Leben? Für den Alltag? Gibt es überhaupt so etwas wie eine evangelische Frömmigkeit?

Nun hat das Wort „fromm" unter uns keinen besonders guten Klang. Wir verbinden damit vor allem Bravheit, Sanftheit und Hinterwäldlertum. So heißt es in Wilhelm Buschs berühmter „frommer Helene":

> „‚Komm, Helenchen!' sprach der brave
> Vormund. – ‚Komm, mein liebes Kind!
> Komm aufs Land, wo sanfte Schafe
> Und die frommen Lämmer sind.'"

Nicht selten hat „fromm" auch den faden Beigeschmack des Bigotten, des Unaufrichtigen und Heuchlerischen. Wer möchte das alles schon sein? Wer fromm ist oder zu sein vorgibt, der steht gerne im Verdacht, dass sich hinter seiner braven Fassade noch etwas ganz anderes verbirgt. Man trifft jedenfalls so schnell keinen Menschen, der schlicht von sich sagt: Ich bin fromm. Immer muss da erklärt, nachgebessert oder sich distanziert werden: „Wenn Sie mit fromm meinen, dass man jeden Sonntag in die Kirche rennen muss, dann sicher nicht." Oder: „Ich kenne genug fromme Menschen oder die sich dafür halten, die aber im Endeffekt auch nicht besser sind als andere." Und nun kommen wir daher und fragen nach einer evangelischen Frömmigkeit?

2. Ein paar historische Hintergründe

Dass Frömmigkeit keinen besonders guten Ruf hat, hat vor allem historische Gründe. Ursprünglich war es überhaupt kein religiöser, sondern ein weltlicher Begriff. Das Wort kommt aus dem althochdeutschen „fruma", was so viel wie „Nutzen" bedeutet und sich noch in unserem „zu Nutz und Frommen" erhalten hat. In diesem Sinne galt bis ins hohe Mittelalter hinein derjenige als „fromm", der sich irgendwie nützlich machte, also der Rechtschaffene, Fleißige und Tugendhafte.

Es waren die Reformatoren, die diesen weltlichen Begriff dann sozusagen „getauft" haben. Fromm ist nun, wer *vor Gott* rechtschaffen ist. Auf dem Hintergrund des „sola gratia" konnte das aber nur bedeuten: Der Fromme ist der von Gott selbst – und nicht etwa aufgrund eigener, noch so rechtschaffener Werke – gerechtfertigte Sünder. „Wir sollen nicht fromm sein, etwas damit zu verdienen", sagt Luther, sondern nur „um Gottes willen allein". Frömmigkeit ist für die Reformatoren also nicht eine allgemeine bürgerlich-tugendhafte Einstellung, sondern die Glaubenshaltung eines Christenmenschen in seiner ausschließlichen Bindung an den gnädigen Gott. Deshalb sind dann die praktischen Formen dieser Frömmigkeit: Bibellesen, Gebet, Liedersingen, Studium des Katechismus und infolge davon wiederum das an der Liebe orientierte Tun im Alltag der Welt. Noch einmal Luther: „Ein Knecht im Stall wie der Knabe in der Schule dienen Gott. Wenn so die Magd und die Herrin fromm sind, so heißt das Gott gedient."

Für das Image des Muffigen, gar Unaufrichtigen und Heuchlerischen wird man nun wohl bestimmte Entwicklungen verantwortlich machen müssen, die historisch mit dem Pietismus in Zusammenhang stehen, der großen Frömmigkeitsbewegung des ausgehenden 17. Jahrhunderts. Verunsichert durch die forschen Forderungen der Aufklärung nach menschlicher Selbstbestimmung und einem möglichen Leben ohne Gott wächst bei vielen Christinnen und Christen ein neues Bedürfnis nach Vergewisserung des Glaubens, den man endlich auch einmal *erleben* will. Frömmigkeit wird nun zu einer Art Vergewisserungsstrategie des gläubigen Ich: Woran merke, sehe, spüre ich überhaupt meinen Glauben und den anderer? Im Gegensatz zum reformatorischen Ansatz wird Frommsein nun ein geradezu ablesbarer Erweis des eigenen Heilsstandes. Man kann fortan an der Frömmigkeit eben – vermeintlich – *feststellen*, wer dazugehört und wer nicht.

Ein folgenschwerer theologischer Fehler. Denn mit dieser Programmierung der Frömmigkeit auf den nachweislich gottesfürchtigen Menschen wird dem bald einsetzenden Klischee des Frommen Tor und Tür geöffnet. Die ehedem Rechtschaffenen werden nun als „Frömmler" diskriminiert, als Menschen, die faktisch gar nicht so konsequent leben können, wie sie – eben „frömmelnd" – vorgeben. „Warum sind die Frömmler fast immer so schroff, mürrisch und ungesellig?", schreibt z. B. der französische Aufklärer Denis Diderot. „Doch nur, weil sie sich etwas auferlegt haben, das ihrer Natur nicht entspricht." Künftig hat die Frömmigkeit ihr weltfremdes, heuchlerisches Image weg. Zum Teil bis heute. Wilhelm Buschs „fromme Helene" ist da nur ein Beispiel von vielen.

3. Ein neues Zauberwort: „Spiritualität"

Seit geraumer Zeit ist allerdings Bewegung in die Angelegenheit gekommen. Ein neues Zauberwort steht im Raum: „Spiritualität". Hatte noch um die Mitte des 20. Jahrhunderts etwa Dietrich Bonhoeffer prognostiziert: „Wir gehen einer völlig religionslosen Zeit entgegen" und musste man sich noch vor etwa zehn bis zwanzig Jahren fast schämen, Worte wie „Frömmigkeit", „Gebet" oder „Glaubenspraxis" überhaupt in den Mund zu nehmen, so hat sich die Lage inzwischen vollständig gewandelt. Eine neue religiöse Welle ist über uns aufgeklärte Mitteleuropäer geschwappt.

Jede Volkshochschule, jedes Familienbildungswerk, jede Einrichtung der Erwachsenenbildung führt zahlreiche Angebote zur „Spiritualität" im Programm. Fast in jeder Buchhandlung gibt es ausgiebigste Esoterik-Literatur. In Talk-Shows werden Erfahrungen mit Meditation, Gebet und übersinnlichen Wahrnehmungen einer breiten Öffentlichkeit vorgeführt. Jedes x-beliebige Bundesligaspiel lebt von Ritualen, von Gesängen, von Beschwörungen, von Erhebung, von Verzweiflung und Schuldzuweisung. Boxkämpfe, Filme und Rockkonzerte werden zu „Legenden" und „Kultveranstaltungen" hochstilisiert. Popsängerin Madonna wird als „Ikone" vermarktet. Und die Firma TUI warb seinerzeit für ihr Robinson-Club-Programm mit den Worten: „Schwarze Oliven. Die Kraft, das Nährende. Der Geist, Öl. Das Heilige – die Salbung. Gesund, gewappnet trete ich Dir entgegen – Leben." Und: „Meditierend das Ich erfahren, alle Sinne strömen lassen. Den Körper verwöhnen und die Aura pflegen, Nahrung als Quelle begreifen. Durchgeistigte Momente erfahren, Ausdruck in Kunst verwandeln, und Träume auf Seide malen. Im Einklang mit der Schöpfung sein." Der so genannte „Markt der Sinnanbieter" überschlägt sich mittlerweile in spirituellen Produkten, die gleich einer Ware angeboten und verkauft werden, als gehe es um Socken oder Autoreifen.

Ob in esoterischen Zirkeln oder in einer merkwürdig aufgeblähten Sprache der „Ganzheitlichkeit", ob beim Tanz oder Extremsport, ob in der Musik oder der Ökologiebewegung, der Kunst oder Sexualität, ob im Verzicht oder im Genuss – überall entdecken Menschen mit einem Mal eine „spirituelle Dimension", ein Mehr, eine Tiefe, die nicht von dieser alltäglich-banalen Welt ist. Eine Sehnsucht nach einem Mehr, das mehr ist als Materie, als Konsum, als bloßer Genuss. Diese neue Spiritualität ist indes nicht von vornherein religiös und schon gar nicht christlich grundiert. Allenfalls bedient sie sich eines deutlich religiösen, mitunter auch christlichen Vokabulars.

Über die Gründe für diesen neuen Spiritualitätsboom ist schon viel gemutmaßt worden. Es wird beispielsweise auf die Situation der sogenannten „Postmoderne" hingewiesen, auf die Grenzen, an die Rationalismus und Aufklärung inzwischen gestoßen seien. Es wird daran erinnert, dass es in der Geschichte immer wieder Pendelschläge gegeben habe. Diese neue Suche nach einem Mehr stelle also nichts anderes als ein gewisses Kontergewicht gegenüber einer übertechnisierten Wirklichkeit dar. Es wird verwiesen auf das menschliche Grundbedürfnis nach Kult und Ritual und dass die gegenwärtige multikulturelle Gesellschaft ein Übriges tue. Auch wenn die Kirche diesen neuen Trend nicht einfach kritiklos als eine vermeintliche „Chance" begrüßt und die erwähnten Angebote nicht einfach unbesehen in ihre Bildungsprogramme übernimmt, hat sie die Hintergründe dieser gesellschaftlichen Entwicklungen doch ernst zu nehmen, will sie es denn weiterhin mit den Menschen von heute zu tun haben.

Sie wird sich dabei auch selbstkritisch fragen müssen, was sie selbst zu dieser Entwicklung beigetragen hat. Ob sie es in den letzten Jahren vielleicht versäumt hat, eine eigene christliche, womöglich sogar spezifisch evangelische – wir bleiben vorerst einmal bei dem Wort – Spiritualität auszugestalten. Doch wie könnte eine solche aussehen? Und vor allem: Hat die Bibel zum Thema „Frömmigkeit" oder „Spiritualität" überhaupt etwas zu sagen?

4. „Meine Augen sehnen sich nach deinem Heil"

Wer die Bibel unter der uns beschäftigenden Frage einmal durchblättert, stellt bald fest: Auch dort begegnet uns eine bestimmte Sehnsucht, ein Suchen nach etwas, das mehr ist als das Hier und Jetzt, ein Verlangen nach einer anderen Wirklichkeit als dem irdischen Elend und einer vordergründigen materiellen Bedürfnisbefriedigung. In meinem Konfirmationsspruch heißt es beispielsweise: „Meine Augen sehnen sich nach deinem Heil und nach dem Wort deiner Gerechtigkeit" (Psalm 119,123). Oder Psalm 42: „Wie der Hirsch lechzt nach frischem Wasser, so schreit meine Seele, Gott, zu dir. Meine Seele dürstet nach Gott, nach dem lebendigen Gott. Wann werde ich dahin kommen, dass ich Gottes Angesicht schaue?"

Dieses Ausschauen, dieses „Dürsten" nach etwas anderem begegnet uns im Alten Testament in mancherlei verschiedenen Vorgängen, etwa im Opferkult, in Festen und Feiern, in Musik, Gesang und Tanz. Es begegnet uns in den häufig ausführlich beschriebenen Vorgängen von Essen und Trinken, die mehr sind als bloße Nahrungsaufnahme. Es begegnet uns in den Visionen der Propheten und den Träumen der Alten. Es begegnet uns in der Einhaltung und Heiligung des Sabbats genauso wie im Fasten und Almosengeben, an heiligen Orten und in den Wallfahrten zum Jerusalemer Tempel. Manches davon findet auch im Neuen Testament seine Fortsetzung, seine Weiterentwicklung, zum Teil auch seine Brechung. Aber der Grundzug bleibt doch erhalten, nämlich die Suche, das Ausschauen, das Dürsten nach einer anderen Wirklichkeit, die mehr ist als das Hier und Jetzt. Als grundsätzlich Suchende, nach einer anderen Wirklichkeit Verlangende gehen die Menschen der Bibel in die Wüste, steigen sie auf Dächer und einsame Berge, treffen sie sich am abgelegenen Ufer eines Flusses oder suchen sie das berühmte „Kämmerlein" auf.

Aber – und das scheint nun das Entscheidende dieser „spirituellen" Vorgänge zu sein – nirgendwo im Alten und Neuen Testament begegnet uns ein Lobpreis der Frömmigkeit oder Spiritualität als solcher. Sehnsucht nach etwas anderem, stille werden, Kontemplation, Opfer, Fasten und Vision haben dort nirgendwo einen Wert in sich, gewissermaßen als psychische Hygiene, sondern sie haben ihren „Wert" immer nur bezogen auf ein bestimmtes, unverwechselbares Gegenüber, nämlich auf *Gott*. „Meine Seele ist stille zu Gott", heißt es in Psalm 62. Zu Gott! Wohlgemerkt: nicht zu irgendeinem Gott, nicht zu irgendeiner Gottheit, nicht zu „dem Göttlichen" in mir oder sonst wo, nicht zu irgendeiner Transzendenz oder „spirituellen Dimension", sondern immer nur zu dem einen unverwechselbaren Schöpfer Himmels und der Erden, dem einen unverwechselbaren Befreier seines Volkes, dem einen unverwechselbaren Vater Jesu Christi. Nur um dieses einen unverwechselbaren Gegenübers willen wird in der Bibel geopfert, werden Menschen still, begeben sie sich in die Wüste, versammeln sie sich zum Gottesdienst.

Dem entspricht umgekehrt, dass da, wo sich Spiritualität, Frömmigkeit, Glaubenspraxis von diesem Gegenüber löst, sich verselbständigt, möglicherweise zu einer Art leerer Routine oder gar zu ganz anderen Zwecken instrumentalisiert wird, sie in scharfe Kritik gerät. „Ich bin euren Feiertagen gram und verachte sie und mag eure Versammlungen nicht riechen. Und wenn ihr mir auch Brandopfer und Speisopfer opfert, so habe ich kein Gefallen daran und mag auch eure fetten Dankopfer nicht ansehen. Tu weg von mir das Geplärr deiner Lieder, denn ich mag dein Harfenspiel nicht hören" (Amos 5,21-23). Solche Worte habe ich bislang noch in keinem Flyer auf dem Markt der Spiritualität gefunden.

Wir nehmen zur Kenntnis: Frömmigkeit oder Spiritualität um ihrer selbst willen oder gar zur Steigerung eines bestimmten Lebensgefühls ist nicht Sache der Bibel. Es gibt dort in der Tat verschiedene Glaubenspraktiken, manche davon – etwa Gebet und Lied – sind auch uns noch vertraut, andere wiederum – etwa Opfer und Wüstengang – eher fremd. Entscheidend an ihnen ist, dass sie offenbar nicht mehr sein wollen als eine Art Raum, als eine Art *Bereitschaft*, sich auf einen anderen, eben Gott selbst, einzulassen. „Bereitet dem Herrn den Weg", sagt der Prophet Jesaja (Jesaja 40,3). Genau das scheint die biblische Frömmigkeit zu charakterisieren. Wir können durch unsere Glaubenspraxis Gott genausowenig herbeizwingen, wie TUI mit seinem Robinson-Club-Programm das Heilige herbeizwingen kann. Die biblischen Zeugen wollen in all ihren religiösen Praktiken offenbar nicht mehr, als einem Anderen Einlass gewähren: „Bereitet dem Herrn den Weg." Ob dieser dann tatsächlich in ihr Leben und in ihre Welt tritt, liegt dann nicht mehr in ihrer Hand.

5. Auf der Suche nach einer evangelischen Spiritualität

Bereits dieser kurze Blick in die Bibel ist Anlass genug, bei der Frage nach dem, was heute eine evangelische Glaubenspraxis sein kann, in einer anderen Richtung zu suchen als der, aus der heraus uns marktschreierisch empfohlen wird, kirchlicherseits im Spiritualitätsboom kräftig mitzumischen und abzusahnen. Die Evangelische Kirche hat sich grundsätzlich nicht an Chancen, sondern ausschließlich an dem ihr von Gottes Wort her Verheißenen und Gebotenen zu orientieren. Dieses aber nicht in einem rückwärts gewandten Tunnelblick, sondern im Hinblick auf die Verhältnisse, Nöte und Möglichkeiten der ihr heute anvertrauten Menschen. Nicht um die Restauration bestimmter protestantischer Frömmigkeitsstile – etwa die des berühmten lutherischen Pfarrhauses – kann es dabei gehen, sondern nur um Möglichkeiten, die vor dem Evangelium zu verantworten sind und also geeignet erscheinen, auf – vielleicht auch ganz neue und unkonventionelle – Weise, „dem Herrn den Weg zu bereiten". Wir versuchen, ein paar *Kriterien* zu benennen.

Eine evangelische Glaubenspraxis hätte sich wohl zuallererst daran zu erinnern, dass Frömmigkeit, Spiritualität, neue Innerlichkeit, Meditation, Kult, Ritual und Gebet kein Heil in sich und an sich bergen. Der religiösen Aufblähung von allem und jedem ist die biblische Entzauberung und Entgötterung der Welt entgegenzuhalten. Für die Bibel ist eine schwarze Olive wirklich nur eine schwarze Olive. Und nicht auch noch etwas, in dem uns das Heilige entgegentritt. Evangelische Frömmigkeit beginnt mit der vielleicht schmerzhaften Erkenntnis der eigenen Weltlichkeit, ja Nicht-Göttlichkeit. „Willst du rechte Frömmigkeit, die vor Gott gilt, erlangen", sagt Luther, „so musst du gänzlich an dir verzweifeln und Gott allein trauen". Evangelische Frömmigkeit beginnt mit dieser heilsamen Verzweiflung, d. h. mit der heilsamen Durchbrechung jener heillos religiös-optimistischen Weltverseuchung und Volksverdummung.

Eine evangelische Glaubenspraxis hätte dann vor allem dem Aberglauben zu wehren, jeder und jede könne sich seinen Gott und ihre Göttin nach Gutdünken machen. Was Gott ist, bestimmt weder mein Kopf noch mein Bauch, weder mein Elend noch mein Glück, weder meine Verzweiflung noch meine Sehnsucht oder mein spirituelles Bedürfnis. Die Bibel jedenfalls hat für solche Versuche nur beißenden Spott übrig: „Ihre Götzen aber sind Silber und Gold, von Menschenhänden gemacht. Sie haben Mäuler und reden nicht, sie haben Augen und sehen nicht, sie haben Ohren und hören nicht, sie haben Nasen und riechen nicht, sie haben Hände und greifen nicht, Füße haben sie und gehen nicht, und kein Laut kommt aus ihrer Kehle." (Psalm 115,4-7) Nein, was Gott ist, bestimme nicht ich, sondern Gott. Wir mögen so viele Kerzen anzünden, Taizé-Gesänge anstimmen und auf Ganzheitlichkeitstrips gehen, wie wir mögen, solange es uns in welchem Frömmigkeitsstil auch immer nicht um den Gott Israels, nicht um den Vater Jesu Christi geht, sind alle spirituellen Übungen leeres Stroh. Unmittelbar nach der heilsamen Verzweiflung kommt diese heilsame Nüchternheit.

Eine evangelische Glaubenspraxis kann grundsätzlich nicht mehr sein als ein Raum, als eine Bereitschaft für etwas anderes. Nach dem Zeugnis der Bibel ist dies nichts anderes als die Begegnung mit dem Wort Gottes. Wüste, Sabbat, Einkehr und Stille, Kult und Ritual, Spiritualität und Frömmigkeit *sind nicht* das Wort Gottes, aber sie können ihm eben durchaus, wie wir uns klargemacht haben, *„den Weg bereiten"*. Nur in dieser strengen Funktionalität hat eine evangelische Frömmigkeit überhaupt ihr Recht und ihre Pflicht. Aber eben auch ihre *Pflicht*. Diese ist in der evangelischen Kirche in den letzten Jahrzehnten womöglich auch ein wenig vernachlässigt worden. Die Nüchternheit und Kargheit manch eines evangelischen, nicht zuletzt auch reformierten Gottesdienstes hat vielleicht auch schon dem ein oder anderen die Tür vor der Nase zugeschlagen. Eine evangelische Glaubenspraxis wird also neu nach Möglichkeiten zu suchen haben, in denen es zu jener Begegnung mit dem Wort Gottes überhaupt kommen kann. Gottesdienstteilnahme, Sonntagsheiligung, Bibellese, persönliches Gebet, Zeiten der Stille und des Fastens, auch gottesdienstliche Raumgestaltung, Sitzordnung, kreative liturgische Beteiligungsmöglichkeiten und geschwisterliche Umgangsformen – wir werden diese und andere „Wege" in aller christlichen Freiheit neu aufzusuchen und auf ihre Tauglichkeit hin zu überprüfen haben. Nicht um irgendwelcher selbstheilenden Kräfte willen, sondern um einer Aufmerksamkeit und einer Neugier willen für das, was Gott uns heute zu sagen hat.

Schließlich wird eine evangelische Glaubenspraxis die hinter dem neuen Spiritualitätsboom sich zeigende Sehnsucht des heutigen Menschen nach einem „Mehr" nicht als „Chance" für ihre eigenen Zwecke missbrauchen, sondern vielleicht auch einmal als *Not* entlarven. Der zunehmenden Versklavung des heutigen Menschen unter die Gesetze des Marktes zu widerstehen, am Exodus aus dieser pseudoliberalen Knechtschaft beharrlich zu arbeiten, das wäre ein weiterer Aspekt einer evangelische Glaubenspraxis, die sich nicht in „einfach glauben" erschöpft, sondern die im Alltag der Welt dem Nächsten zugute kommt. Wo nötig wäre z. B. nicht zuletzt der neue Spiritualitätsboom als purer Egotrip zu demaskieren. Evangelische Glaubenspraxis hat demgegenüber der Welt zu dienen. Das alte Wort „frommen", wir erinnern uns, hieß ursprünglich nichts anderes als „nützen". Eine Frömmigkeit, die nicht am Ende auf diesen befreienden Nutzen für die Welt hinausliefe, wäre jedenfalls für die Evangelische Kirche irrelevant.

Für den evangelischen Glauben geht es also darum, *nüchtern* fromm zu sein. Die ersten Christen, denen man vorwarf, in ihrer Begeisterung für das Evangelium „voll des süßen Weines" zu sein (Apostelgeschichte 2,13), waren gerade nicht betrunken. Und schon gar nicht betrunken von ihrer eigenen Spiritualität. Wohl waren sie voller Leidenschaft und Engagement für die Sache des Evangeliums, so dass sie es eben „nicht lassen konnten, von dem zu reden, was wir gesehen und gehört haben" (4,20). „Fromm" oder „spirituell"? Man mag über Begriffe sicher lange streiten. Aus Gründen der „gesellschaftlichen Anschlussfähigkeit" kann es hier und da womöglich sogar geraten sein, auch kirchlicherseits das Wort „spirituell" einmal in den Mund zu nehmen. Entscheidend sind aber nicht Vokabeln. Entscheidend ist, ob es gelingt, das Besondere einer biblisch orientierten, evangelischen Glaubenshaltung unmissverständlich zu machen und dann auch öffentlich zu vertreten. Und warum sollte dabei der – zu Recht oder zu Unrecht – verpönte Begriff der „Frömmigkeit" nicht noch einmal einen neuen, guten und glaubwürdigen Klang bekommen?

IX. Evangelisch beten?

1. „Jetzt hilft nur noch beten"

In einem Interview mit Franz Beckenbauer lesen wir die Frage: „Sie scheinen unter einem Glücksstern geboren zu sein. Sagen Sie manchmal auch: ‚Danke, lieber Gott, für diese außergewöhnliche Karriere und mein schönes Leben'?" Beckenbauer: „Freilich, in 99 von hundert Fällen sind meine Gebete ein Dankeschön. Ich bin dankbar, leben zu können. Mein Leben war von vielen glücklichen Umständen begleitet." Der Interviewer: „Alles in allem haben Sie einen guten Draht zu Gott …" Beckenbauer: „Doch, schon, das denke ich zumindest. Das bestätigen mir ja auch meine Gebete."

Als vor ein paar Jahren – kurz vor Beginn der Fußballeuropameisterschaft – das deutsche Team eine jämmerliche Niederlage hinnehmen musste, titelte die BILD-Zeitung: „Jetzt hilft nur noch beten!" Und lieferte auch gleich ein Gebet hinterher: „Lieber Fußballgott! Mach, dass bei der EM alle anderen Mannschaften noch schlechter sind als wir. Lass unsere Stürmer ins Tor schießen – und nicht immer daneben. Lass die Fußball-Millionäre nicht ans Geld, sondern an die Ehre denken. Bitte, lieber Fußball-Gott, tu was!" Und im Ferrari-Dorf Maranello beten nach Aussage von RTL mitunter Tausende von Menschen darum, dass der „Scuderia", der Motorsportabteilung des berühmten Autoherstellers, bei anstehenden Formel-Eins-Rennen Erfolg beschieden sein möge.

Dass das Gebet dazu da ist, einen bestimmten Nutzen zu bringen, behaupten viele. Egal, ob als Erfolgsverstärker, als letzter Strohhalm in einer vermeintlich ausweglosen Situation oder als Garant einer höheren Lebensqualität. In entsprechenden Umfragen – nicht nur unter Prominenten – kommt es immer wieder zu ähnlichen Antworten: Wenn es schon nicht der unmittelbare berufliche, sportliche oder gesundheitliche Vorteil ist, so doch immer irgendein anderer „Gewinn", den man sich vom Gebet verspricht: innere Ruhe, Gelassenheit, Abstand zum Alltag, Zu-sich-selber-Kommen, Kraft und Mut.

Der ehemalige amerikanische Präsident Bill Clinton zog sich, wie uns seinerzeit sein Pressesprecher wissen ließ, vor der entscheidenden Vernehmung in der Lewinsky-Affäre mit einem bekannten Seelsorger zum Gebet zurück. In fast regelmäßigen Abständen behaupten einschlägige Untersuchungen, dass, wer bete, gesünder, glücklicher und am Ende auch beruflich erfolgreicher durchs Leben komme. Das Gebet als *Nutzbringer* – materiell, psychologisch oder wenigstens spirituell. In Zeiten des Marktes, in denen Religion zur Ware geworden ist, deren Wert sich nach seinem Nutzen für den Verbraucher bestimmt, scheint diese Sichtweise des Gebets plausibel und zumindest eine ökonomische Logik für sich zu haben. Aber zu Recht?

2. Eine andere Gebetslogik

Die Gebetslogik der Bibel ist jedenfalls eine andere. Bereits beim flüchtigen Durchblättern fällt einem rasch auf, dass das Gebet dort gar nicht die nutzbringende Rolle spielt, wie uns der spirituelle Markt oder auch nur die Volksfrömmigkeit weismachen wollen.

Das Hauptaugenmerk der biblischen Zeugen gilt – man staune – gar nicht dem Gebet, also dem menschlichen religiösen *Reden*, sondern dem *Hören*. Und zwar dem besonderen Hören auf das Wort Gottes. *Sein* Reden ist das Erste, Entscheidende und Wichtigste, das sich wie ein roter Faden durch die Texte der Heiligen Schrift hindurchzieht: „Und Gott sprach …" (1. Mose 1,3), so heißt es gleich zu Beginn und durchaus programmatisch. Oder, um es mit dem Johannesevangelium zu sagen: „Im Anfang war das Wort" (Johannes 1,1). Mit „Anfang" ist hier weniger irgendein Termin gemeint, sondern dass Gott sozusagen als erster („im Anfang"), als Ursprung allen Seins das Wort ergreift und so von sich aus zu uns in Beziehung tritt. Mit Recht heißt es in einem Lied aus der holländischen Kirche: „Gott hat das erste Wort" (EG Nr. 199).

Im Unterschied dazu erscheint menschliches Reden, und so auch das Beten, in der Bibel durchweg allenfalls als sozusagen „zweites" Wort, also als *Reaktion*, als Echo, als mehr oder minder schwacher Widerhall gegenüber jenem „ersten" von Gott gesprochenen. Deshalb verwundert es auch nicht, dass uns all die bekannten Gestalten der Bibel – Abraham, Sara, Mose, Hanna, die Propheten, später die Jünger, Maria oder Paulus, um nur einige zu nennen – durchweg nicht als die „großer Beter" vorgestellt werden, die sich in heldenhafter Pose zu ihren Gott aufschwingen. Die meisten von ihnen erscheinen vielmehr eher wankelmütig und angefochten, hin und her gerissen zwischen Glauben und Zweifel, jedenfalls alles andere als religiöse Helden. Was ihnen allerdings gemeinsam ist: dass sie sich allesamt von woandersher *angeredet* wissen. Erst als solche, eben als zuvor von Gott Angeredete, ergreifen sie nun allerdings auch ihrerseits das Wort. Ihr Gebet ist nichts weiter als *Antwort*.

Das biblische Gebet ist deshalb auch nie eine bloße Anrufung irgendwelcher höheren Mächte zur Durchsetzung des eigenen Wohlergehens. „Jeder beliebige Mensch", schrieb seinerzeit der württembergische Theologe Christoph Blumhardt, „betet ganz einfach: Segne mein Feld, segne mein Vieh! Das ist heidnisch. Menschen, die nichts nach Gott fragen, wollen doch alles Gute Gottes für sich haben. So machen es die Heiden." Das biblische Gebet hingegen richtet sich nicht an irgendwelche Gottheiten, sondern an den einen, unverwechselbaren Schöpfer Himmels und der Erden, der sich von Anbeginn an seinen Menschen in Liebe zuwendet. Es fällt immerhin auf, dass die biblischen Zeugen, wenn sie beten, dies immer in inhaltlicher und unverwechselbarer Beziehung zu dem Gott tun, der sich ihnen zuvor mitgeteilt hat.

Damit bekommt das Gebet in der Bibel einen ganz eigentümlichen Charakter – weit entfernt von „Danke, lieber Gott, für diese außergewöhnliche Karriere und mein schönes Leben" oder „Mach, dass bei der EM alle anderen Mannschaften noch schlechter sind als wir!" Hier ist der Dank an Gott nicht einfach Ausdruck einer Zufriedenheit über das eigene Wohlergehen, sondern das Wissen um das, „was er dir Gutes getan hat". Nämlich: „Der dir alle deine Sünde vergibt und heilet alle deine Gebrechen, der dein Leben vom Verderben erlöst, der dich krönet mit Gnade und Barmherzigkeit" (Psalm 103,2-4). Und das ist dann vielleicht noch etwas anderes als bloßes Wohlergehen, Glück, beruflicher oder sportlicher Erfolg. Und entsprechend ist die Bitte an Gott nicht irgendein Wunsch zum eigenen Vorteil: „Segne mein Feld, segne mein Vieh!" oder am Ende auch: „Lass unsere Stürmer ins Tor schießen!", sondern die grundsätzliche Bereitschaft, sich auf sein Wort und Gebot überhaupt einzulassen: „Dein Wille geschehe wie im Himmel so auf Erden" (Matthäus 6,10).

Nach dieser anderen, biblischen Logik wäre dann das Gebet gerade nicht der Garant für eine höhere Lebensqualität, sondern der schlichte menschliche Anteil an der Beziehung zu Gott, in der dieser allerdings „das erste Wort" hat. Ob das Beten als solches für den Beter in einem vordergründigen Sinne jeweils von „Nutzen" ist, also irgendeinen psychologischen oder materiellen Vorteil verschafft, steht in der Bibel gar nicht zur Debatte. Hier lebt das Gebet vielmehr aus der vertrauensvollen Gewissheit: „Befiehl dem Herrn deine Wege. Er wird's wohlmachen" (Psalm 37,5). Sicher hat Martin Luther recht, wenn er in seine Auslegung der Bitte um das tägliche Brot auch „Kleider, Schuh, Haus, Hof, Acker, Vieh, Geld, Gut" und manches mehr, „was zur Leibes Nahrung und Notdurft gehört", einbezieht. Aber auch die Dinge des täglichen Bedarfs werden nicht dem eigenen Gutdünken oder gar der eigenen Begehrlichkeit, sondern der Fürsorge Gottes anheimgestellt. Und das geht eben nur im Gehör auf sein Wort. Das biblische Gebet durchbricht jegliches egozentrisches Kreisen um sich selbst, ist vielmehr durchdrungen von der grundsätzlichen Bereitschaft, sich einer anderen Perspektive, sich Gottes Wort und seinem Willen zu öffnen.

So, in dieser Nachordnung zum Wort Gottes von jedem – mit Blumhardt gesprochen – „heidnischen" Gebet grundsätzlich unterschieden wird das Gebet nun allerdings auch in der Bibel als etwas überaus Wichtiges thematisiert. Wie anders sollten wir die vielen Aufforderungen verstehen, Gott eben auch unsererseits anzurufen, uns ihm – lobend, dankend, klagend oder bittend – anzuvertrauen? „Rufe mich an in der Not, so will ich dich erretten und du sollst mich preisen", heißt es beispielsweise in Psalm 50,15. Der „Nutzen", in diesem Fall die Errettung aus einer Not, wird also gar nicht vom Gebet als solchem, sondern von *Gott* erhofft, auch wenn dieser nicht immer den Erwartungen entspricht. Insofern beten natürlich auch die Menschen der Bibel. Und das auch nicht gerade zu knapp. Aber sie tun es eben nicht um irgendeines – sei's spirituellen – „Nutzens" willen, sondern um sich als zuvor von Gott

Angeredete immer wieder auf sein Wort einzulassen und darauf mit eigenen Worten zu reagieren. Nur so ist wohl auch die scheinbar befremdliche Mahnung des Apostels Paulus zu verstehen, „ohne Unterlass" zu beten (1. Thessalonicher 5,17). Nicht nur Gott will in seinem Wort mit uns, auch wir sollen in unserem Gebet mit ihm im Gespräch *bleiben*.

3. „Nötig" statt „nützlich"

Gibt es ein besonderes evangelisches Gebetsverständnis? Wenn „evangelisch" von „Evangelium" kommt, war unser kleiner biblischer Exkurs nicht ganz umsonst. Jedenfalls waren sich die Reformatoren, was die biblische Besonderheit und Wichtigkeit des Gebets angeht, im Grundsatz einig. „Nächst dem Predigtamt", sagt Luther, „ist das Gebet das höchste Amt in der Christenheit. Im Predigtamt spricht Gott mit uns. Im Gebet dagegen spreche ich mit Gott." Und etwas poetischer Calvin: „Das Gebet gräbt die Schätze aus, die unser Glaube im Evangelium des Herrn angezeigt gefunden und dort erblickt hat." Die unbedingte Zuordnung des Gebets zum Wort Gottes ist bei allen Reformatoren Konsens und entspricht ihrem bereits erwähnten Grundsatz des „sola scriptura". Die Reformierten unter den Reformatoren haben daraus die Konsequenz gezogen, bei der Suche nach dem rechten Beten zunächst einmal in der Bibel selbst, etwa bei den Psalmen oder beim Vaterunser, in die Schule zu gehen.

Dabei geht es nicht um eine bloße Rezitation vorgegebener Formulierungen, sondern um eine bestimmte Ausrichtung des Gebets. Wenn etwa Jesus das Vaterunser mit den Worten einleitet: „So sollt ihr beten" (Matthäus 6,9), dann meint er damit nicht die sklavische, „gebetsmühlenartige" Wiederholung der nachfolgenden Worte, sondern die *Art und Weise* („*So* sollt ihr beten"!) des Betens, nämlich seine Aufmerksamkeit einmal nicht ständig auf sich selbst, sondern vor allem auf Gottes Reich und Willen zu lenken: „Dein Reich komme, dein Wille geschehe." Ist das die grundsätzliche Orientierung, so hat der Beter alle evangelische Freiheit, im Gebet auch eigene Worte zu finden. Gott bevorzugt gewiss keine wohlgesetzten Reden, sondern hört genauso jedes Stammeln, jedes Seufzen, jeden vor ihm ausgeschütteten Gedanken. In einem gemeinschaftlichen, öffentlichen Gebet, etwa im Gottesdienst, mag es angeraten sein, die Worte sorgfältig zu wählen, nicht zuletzt, damit sich möglichst viele darin wiederfinden können. Doch im „stillen Kämmerlein" dürfen wir auch beten, wie uns der Schnabel gewachsen ist. So wie etwa die Psalmen – bedingt durch die jeweilige Lebenssituation – ja auch immer wieder ganz eigene, mitunter auch sehr eigenwillige Worte finden.

Wie weit dieses „evangelische" Gebetsverständnis auch von anderen christlichen Konfessionen, etwa der katholischen oder den orthodoxen, geteilt wird, sei dahingestellt. Manches, was dort an Gebetspraxis begegnet – etwa der katholische Rosenkranz oder die orthodoxe Litanei –, scheint sich für ein evangelisches Empfinden mit den biblischen Weisungen wenig zusammenzureimen. Ob zu Recht oder zu Unrecht, sollte im einzelnen ökumenischen Gespräch geklärt werden. Immerhin wird man in dem Zusammenhang wenigstens an Jesu Wort erinnern dürfen, wonach wir im Gebet „nicht viel plappern sollen wie die Heiden, die meinen, sie werden erhört, wenn sie viele Worte machen" (Matthäus 6,7). Aber diese Mahnung gilt sicher auch manch einem übereifrigen evangelischen Christenmenschen.

Als evangelischer Mensch beten heißt grundsätzlich: evangeliumsgemäß beten. Was das – etwa im Unterschied zu einem am eigenen Nutzen orientierten („heidnischen") Beten – bedeutet, haben ein paar der einschlägigen biblischen Texte wenigstens angedeutet. Deshalb fragt etwa der Heidelberger Katechismus (1563) – anders als der heutige Mensch – nicht danach, was das Gebet „*nützt*". Das ist schon insofern auffallend, als dieses klassische evangelische Lehrbuch bei anderen Glaubensinhalten in der Regel wenig zimperlich ist, eben auch nach deren „Nutzen" zu fragen. Im Hinblick auf das Gebet ist aber seine Frage nicht: „Was *nützt* uns das Gebet?", sondern: „Warum ist den Christen das Gebet *nötig*?" (Frage 116). Das ist etwas anderes.

In der Wende von „nützlich" zu „nötig" deutet sich an, dass man sich evangelischerseits dem Thema „Gebet" also auch noch anders nähern kann als immer nur über die Frage, was es mir „bringt", „was es mit mir macht" oder eben: welchen Vorteil ich mir davon verspreche. In „nötig" steckt ja „Not". Und es bleibt wahr, dass Gott in der Tat „in der Not angerufen" werden soll (Psalm 50,15). Aber wer stellt meine Not eigentlich fest? Die politisch korrekte Antwort behauptet sogleich: natürlich nur wir selbst. Doch könnte es sein, dass wir bei aller narzisstischen Selbstorientierung, bei aller Verliebtheit in unsere heiligen subjektiven „Bedürfnisse" vielleicht am Ende blind zu werden drohen für so etwas wie eine „objektive" Not? Für eine Not, für die uns sozusagen von „*woandersher*" die Augen geöffnet werden müssten? Für den Heidelberger Katechismus geschieht ein solches Gewahrwerden der eigenen Not schlicht über der aufgeschlagenen Bibel. Deshalb ist der diesem Thema gewidmete Teil („Von des Menschen Elend") nichts anderes als ein eingehendes Bedenken biblischer Aussagen, insbesondere der Zehn Gebote.

In einem im wörtlichen Sinne „evangelischen" Gebet vollzieht sich also ein ziemlich radikaler Perspektivenwechsel: weg von der ständigen Fixierung auf unsere eigene Befindlichkeit, hin zu dem, was in den Augen *Gottes* unsere Not ausmacht. Das Vaterunser nennt es schlicht „das Böse". Die Bibel liefert hier bekanntlich viele beklemmende Beispiele. Und wer seine Augen und Ohren nicht ganz verschließt, wird in jeder Tageszeitung für jedes dieser Beispiele mehr als einen aktuellen Beleg finden.

Aber das „nötige" Gebet kann uns vielleicht auch in ganz anderer Weise zu einem Perspektivenwechsel anhalten. Während Kaiser Franz und BILD das Gute Gottes vor allem an dem eigenen Wohlergehen, an Glück und Erfolg festmachen, könnte ein am Evangelium orientiertes Gebet vielleicht sehr andere Entdeckungen machen im Hinblick auf das, „was er dir Gutes getan hat". Könnte vielleicht auch in manch einem krummen Lebensweg, der so gar nicht den üblichen Ansprüchen von Glück und Erfolg entspricht, die Güte Gottes erkennen. Könnte seine Güte vielleicht auch einmal in etwas Unscheinbarem oder gar vermeintlich Unattraktivem zu sehen lernen. Die Eltern eines behinderten Kindes wählten als dessen Taufspruch ein biblisches Gebet: „Ich danke dir dafür, dass ich wunderbar gemacht bin" (Psalm 139,14). Das ist das Gebet dessen, der sich nicht an der Botschaft der Litfaßsäulen, sondern an der des Evangeliums orientiert.

Insofern gibt es in der Tat ein besonderes, eben „evangelisches" Gebetsverständnis. Und niemand, ob Protestant, Katholik oder „Heide", ist daran gehindert, es zu praktizieren.

X. Gutes tun – aber warum nur?

1. „Leistung muss sich wieder lohnen"

Ich habe sie noch ziemlich genau vor Augen, die vielen Wahlkampfplakate: „Leistung muss sich wieder lohnen." Die Gesichter braver, zupackender Bürger von gesunder Statur. Mit freundlich entschlossener Miene appellierten sie an unser inneres Wertesystem: „Ohne Fleiß keinen Preis." Und wer es sich in der „sozialen Hängematte" angeblich bequem gemacht hatte, musste sich von dem einen oder anderen Politiker zumindest der „spätrömischen Dekadenz" bezichtigen lassen. Auch erinnere ich mich noch gut an meine alte Volksschullehrerin, die mir immer wieder kopfschüttelnd zu verstehen gab, dass es ohne eine gewisse Anstrengung meinerseits wohl nie etwas mit einer besseren Handschrift würde. Wie Recht sie grundsätzlich hatte, wurde mir in den Folgejahren mehr als einmal schmerzlich klar, etwa wenn es um den Satz des Pythagoras oder irgendwelche kaum merkfähigen Vokabeln ging.

Dass es ohne Fleiß keinen Preis gibt, kann aber auch zu einer ganzen Lebensweisheit werden, die in ewiges Latein gemeißelt dann so lautet: „Faber est suae quisque fortunae." „Jeder ist seines Glückes Schmied." Ganze Gesellschaften haben diese Erkenntnis zum Prinzip erhoben. Wer es zum Beispiel in Amerika nur zum Tellerwäscher statt zum Millionär gebracht hat, ist – jedenfalls gemäß dieser

Weisheit – kein Opfer widriger Umstände, sondern vor allem selbst schuld. Der Faule muss sich also nicht wundern, wenn es im Leben am Ende nicht so gelaufen ist.

Dass auf Leistung ein angemessener Lohn zu folgen hat, sagt bereits unser normales Gerechtigkeitsempfinden. Dabei können sowohl die Leistungen als auch die „Löhne" ganz unterschiedlich sein. Wer etwas mit seiner Arbeit leistet, erhebt mit Recht Anspruch auf eine angemessene, „gerechte" Bezahlung. Wer sich mit seinem sozialen Engagement ehrenamtlich einbringt, erwartet als Lohn zumindest eine deutliche Wertschätzung. Eine Sängerin erntet für ihren künstlerischen Bühnenauftritt Applaus. Ein Student für seine erbrachte Studienleistung eine entsprechende Note. Und die kleine Jessica freut sich, wenn sie den Spinat tatsächlich aufgegessen hat, was ja auch eine Leistung sein kann, über ein elterliches Lob: „Das hast du aber fein gemacht."

Immer scheint sich Leistung in der Tat irgendwie zu „lohnen". Kein Wunder, dass sich nicht wenige Firmen für ihre großzügige Weihnachtsspende (Leistung) gerne öffentlich als Wohltäter feiern lassen (Lohn). 1000 Euro für krebskranke Kinder in der Zeitung kommen womöglich preiswerter als eine teure PR-Kampagne. „So macht Helfen Spaß", jubelt der Randspaltenkommentar im Anzeigenblatt. Tue Gutes und rede drüber. Auch Guttaten sollen sich am Ende – bitteschön – irgendwie „lohnen". Und wenn es nur ein aufpoliertes Firmen-Image ist.

Und doch scheint das angemessene Verhältnis von Leistung und Lohn manchmal nur die halbe Wahrheit zu sein. Wer hätte nicht auch schon die Erfahrung gemacht, dass Arbeit, Ehrenamt, Pauken, Teller-leer-Machen oder wohltätiges Spenden sich oft gerade *nicht* „lohnen"? Hunderttausende von Arbeitsplätzen in Deutschland –

von anderen Gegenden unserer Welt ganz zu schweigen – werden nicht angemessen bezahlt. Es gibt ungezählte künstlerische Leistungen und Talente, für die sich nie eine applaudierende Hand regen wird. Ehrenamtliche Mitarbeiter und Helferinnen klagen nicht selten über eine zu geringe Beachtung und Würdigung ihres unentgeltlichen Engagements. Manch ein Student fühlt sich „unter Wert" benotet. Und viele kleine Jessicas gehen täglich ohne Lob und Ermutigung zu Bett, *obwohl* sie tapfer den Teller mit Spinat leer gemacht haben.

Das alles empfinden wir zu Recht als ungerecht. Leistung – welcher Art auch immer – sollte grundsätzlich belohnt werden, und zwar angemessen. „Suum cuique", „jedem das Seine", wussten bereits die alten Römer. „Die Gerechtigkeit erkennt man daran", so etwa Cicero, „dass sie jedem das Seine zuteilt." Wozu sonst die ganze Anstrengung?

2. „... dass ich in den Himmel komm"

Es muss nicht überraschen, wenn wir die Lebensweisheit, dass Leistung sich zu lohnen habe, auch in der *Religion* antreffen. Weit verbreitet – nicht nur unter Christenmenschen – ist ja die Ansicht, dass man für seine irdischen Taten irgendwann einen Lohn von höherer Warte zu gewärtigen habe. Die Guten kommen in den Himmel, die Bösen in die Hölle, so sagt es der Volksglaube. Wohlverhalten und gute Taten als Leistung, der Himmel als Belohnung. Eine bestechend einfache Logik, so scheint es. Für manche frommen Menschen nicht erst im Jenseits. Nicht wenige der in die „Neue Welt" ausgewanderten Pioniere waren und sind z. T. noch bis heute der Überzeugung, dass ihr Frommsein, ihre christliche Lebensführung, ihr Tüchtigsein und Fleiß schon hier auf Erden sichtbaren Lohn hervorbringen: Wohlstand, Reichtum, gehobenen sozialen Status. Auch fromme Leistung soll sich doch gefälligst lohnen, egal, ob hier oder dort, ob jetzt oder dermaleinst.

Doch was ist, wenn dieser „logische" Zusammenhang zwischen Leistung und Lohn, zwischen Tun und Ergehen auch im Glauben mit einem Mal nicht mehr funktioniert? Immer wieder wird ja bereits in der Bibel bittere Klage darüber geführt, dass fromme Leistung sich mitunter ganz und gar nicht lohnt. Dass es etwa den Gottlosen „so gut geht". „Sie sind glücklich in der Welt und werden reich." Umgekehrt fragt sich der Fromme: „Soll es denn umsonst sein, dass ich mein Herz rein hielt und meine Hände in Unschuld wasche?" (Psalm 73,3.12f). In der Logik jener Wahlkampfplakate muss solch eine Frage doch erlaubt sein: Warum – um alles – Gutes tun, wenn es sich am Ende doch nicht lohnt?

In der Bibel wird das ganze Problem vor allem in der Geschichte *Hiobs* veranschaulicht. Dieser wird uns zunächst als ein ausgewiesen gottesfürchtiger und allenthalben Gutes tuender Mensch vorgestellt, von dem es heißt, dass er „fromm und rechtschaffen" war und „das Böse mied" (Hiob 1,1). Nach unserer Wahlkampfplakatlogik erscheint es durchaus schlüssig, wenn dieser Hiob uns sogleich auch als überaus wohlhabend geschildert wird: „Er besaß siebentausend Schafe, dreitausend Kamele, fünfhundert Joch Rinder und fünfhundert Eselinnen und sehr viel Gesinde, und er war reicher als alle, die im Osten wohnten" (1,3). Seine fromme Leistung hatte sich offenbar tatsächlich gelohnt. „Meinst du, dass Hiob Gott umsonst fürchtet?" lautet die logische Frage (1,9). Und die – gedachte – logische Antwort: Nein, natürlich nicht. Niemand tut etwas umsonst. Jeder will für seine Leistung einen angemessenen Lohn. Auch für seine Frömmigkeitsleistung. Cicero lässt grüßen: suum cuique. Auch im Glauben. So weit, so gut.

Doch nun bricht über diesen ausgewiesen frommen und rechtschaffenen Menschen mit einem Mal das schiere Unheil herein: Seine vielen Rinder, Eselinnen, Schafe und Kamele werden ein Raub fremder Völker. Seine Knechte werden erschlagen oder Opfer eines vom Himmel fallenden Feuers. Seine Söhne und Töchter kommen im Wüstensturm um. Und er selbst wird schließlich „mit bösen Geschwüren von der Fußsohle an bis auf seinen Scheitel" gepeinigt (2,7). Sehr bitter. Und vor allem: wie ungerecht! Für Hiob scheint sich fromme Leistung ganz und gar nicht gelohnt zu haben. Durchaus nachvollziehbar, wenn seine Frau nun zu ihm sagt: „Hältst du noch fest an deiner Frömmigkeit? Sage Gott ab und stirb!" (2,9) Für all seine Frömmigkeitsleistung wird ihm von Gott augenscheinlich der Lohn verweigert. Es gibt offenbar menschliche Schicksale, in denen sich fromme Leistung ganz und gar nicht auszahlt.

Selbst wenn es uns nicht unbedingt so heftig wie Hiob ergehen mag, bleibt ja die Frage, die sich mit seiner Geschichte verbindet, bohrend. Wer von uns wäre denn nicht bemüht, einigermaßen „rechtschaffen" vor Gott und den Menschen durchs Leben zu kommen? Wer von uns versuchte denn nicht, etwa die Zehn Gebote wenigstens einigermaßen zu halten und Liebe, Treue und Barmherzigkeit zu üben? Doch wozu das Ganze, wenn es dafür am Ende doch keinen angemessenen Lohn gibt? Wenn uns – trotz aller Rechtschaffenheit und trotz aller Gebete – etwa eine böse Krankheit heimsucht, etwa der Arbeitsplatz verloren geht oder eine Beziehung zerbricht? Wozu die ganze Anstrengung? So könnte man in der Tat auch im Glauben fragen.

Oder ist das ganze Problem gelöst, wenn wir die Lohnfrage schlankweg ins *Jenseits* verschieben? So sagt es ja der Volksglaube: Die Guten kommen in den Himmel. Ist das die Lösung? Der Himmel, das Leben nach dem Tod, die Ewigkeit – wenigstens *das* am Ende der

Lohn für alles Frommsein und alle Rechtschaffenheit? Für alle Liebe und Barmherzigkeit? Für alle guten Taten und Spenden? Wenigstens das etwas, um dessentwillen sich ein gottesfürchtiges Leben am Ende gewissermaßen „auszahlt"? „Lieber Gott, mach mich fromm, dass ich in den Himmel komm." So hat man es uns beigebracht. Wenn wir schon hier im Irdischen eine angemessene Belohnung vermissen müssen, dann doch wenigstens eine im Himmel erwarten dürfen?

Eine schlanke, ja scheinbar sogar überaus fromme Lösung. Zumal sie in der Geschichte der Christenheit immer wieder eine bedeutende Rolle gespielt hat. Gut veranschaulicht etwa auf manch einem alten Altarbild. Das Leistungs-Lohn-Prinzip bis in den Himmel hinein verlängert. Da sieht man gottesfürchtige und tugendsame Gestalten zur (aus Sicht des Weltenrichters) Rechten, die auf direktem Wege ins himmlische Paradies durchgewinkt werden. Während die Bösewichte, die Ehebrecher, Räuber und Mörder, zur Linken der Höllenrachen erwartet. Guter Lohn für gute, schlechter Lohn für schlechte Lebensleistung. Das leuchtet ein. Auf in den nächsten Wahlkampf.

Die Kirche des Mittelalters hat dieses Denken lange Zeit zur zentralen Botschaft erhoben. Ein probates Instrument, um Menschen im Sinne der Kirche gefügig zu machen. Dabei konnte die religiöse Leistung, um das Himmelreich zu erwerben, ganz unterschiedlich sein: ein – im Sinne der Kirche – tugendhaftes und auch wohltätiges Leben, fromme Übungen wie Gebete, Teilnahme am Messopfer, Beichte, Buße, Prozessionen, Wallfahrten, Heiligen- und Reliquienverehrung, Fasten, Abgaben an die Kirche bis hin zu dem berüchtigten Ablasshandel. Reichlich wurde beispielsweise den Kreuzfahrern die Sündenvergebung in Aussicht gestellt.

Auch wenn die gegenwärtige Katholische Kirche inzwischen die historischen Auswüchse dieses Denkens kritisch sieht und in dieser Form nicht mehr von den Gläubigen einfordert, so hat sich immerhin die dogmatische Lehre durchgehalten, dass der Mensch zur Erlangung des Himmels schon auch das Seine beizutragen habe. Gott und Mensch kommen sich da sozusagen „auf halbem Wege" entgegen. Das muss sogar dem dezidierten Nichtkatholiken Goethe so eingeleuchtet haben, dass er im „Faust" die Engel behaupten lässt: „Wer immer strebend sich bemüht, den können wir erlösen."

Evangelischerseits sollte man sich allerdings nicht zu schnell über das fromme Leistungsprinzip erheben. Da mag man sich hundertmal der reformatorischen Erkenntnis rühmen, dass – mit Luther zu singen – vor Gott eben „nichts denn Gnad und Gunst" zählt (EG Nr. 299,2). Ganze Generationen von Kindern gerade frommer evangelischer Eltern wurden etwa mit den berühmten „Zwei-Wege-Bildern" im Glauben erzogen. Auf diesen führte der breite Weg, gepflastert mit allen Lastern dieser Welt, zur Verdammnis; der schmale hingegen, versehen mit allen christlichen Tugenden, geradewegs ins himmlische Paradies. „Lieber Gott, mach mich fromm, dass ich in den Himmel komm." Und wenn schon nicht in den Himmel, so verspricht sich der protestantische Gutmensch von seinem politisch korrekten Verhalten wenigstens die Bewunderung seiner Mitmenschen und das gute Gefühl, irgendwie im Recht zu sein. Wenn schon nicht fromme, so sollte sich doch wenigstens moralische Leistung wieder lohnen.

3. „... sorglose und verruchte Leute"?

Das Problem aller frommen oder moralischen „Leistung-muss-sich-wieder-lohnen"-Verfechter – egal, ob katholisch oder evangelisch – ist nun aber, dass es in der Bibel für ein solches Denken gar keine ordentliche Grundlage gibt. Der Apostel Paulus geißelt geradezu vehement die Annahme, gute menschliche Taten (Leistung) seien die Voraussetzung der göttlichen Gnade (Lohn): „So halten wir dafür, dass der Mensch gerecht wird *ohne* des Gesetzes Werke" (Römer 3,28). Folgerichtig formuliert Luther in seinem Kleinen Katechismus: „Ich glaube, dass ich nicht aus eigener Vernunft noch Kraft an Jesus Christus, meinen Herrn, glauben oder zu ihm kommen kann." Alles kommt, so die Grundaussage der Bibel, darauf an, dass Gott uns von sich aus annimmt – ohne unsere Werke, Vernunft oder Kraft. So wie der Vater im Gleichnis vom Verlorenen Sohn. Dieser hat nach einem verpfuschten Leben gar nichts mehr an „Leistung", an guten Taten, Tugenden oder Frömmigkeit vorzuweisen. Doch der Vater kommt ihm von sich aus entgegen und schließt ihn in die Arme. Allein aus Gnade. Alles ist gut. Evangelium pur.

Und schon ist sie wieder da, die „logische" Frage des inneren Leistungs-Lohn-Menschen: „Macht aber diese Lehre nicht sorglose und veruchte Leute?" (Heidelberger Katechismus, Frage 64). Wenn alles Gnade ist, wozu dann noch gute Werke, Nächstenliebe und Rechtschaffenheit? Die Frage ist berechtigt. Und man kann sich – gemäß dieser Logik – in der Tat fragen, weshalb in der Bibel die guten Werke, etwa die Zehn Gebote, die vielen sozialen Weisungen, die Bergpredigt oder auch die verschiedenen ethischen Empfehlungen in den Briefen des Apostels Paulus gleichwohl einen solch großen und gewichtigen Raum einnehmen. Sind unsere Taten nicht schlicht überflüssig, wenn alles ein Entgegenkommen Gottes, alles nichts als Gnade ist? Ist die vor allem von evangelischer Seite so hoch gepriesene Rechtfertigung des Menschen „allein aus Gnade" nicht geradezu eine Einladung, die Hände in den Schoß zu legen und den lieben Gott einen guten Mann sein zu lassen? „Spätrömische Dekadenz" nicht nur in der sozialen, sondern nun auch in der religiösen „Hängematte"?

Doch die Bibel folgt einmal wieder einer anderen Logik als der der Wahlkampfplakate. Bei der Frage nach den guten Werken wird der Spieß gewissermaßen umgedreht. So sehr die guten Werke, also etwa die Liebe und die Gerechtigkeit, als *Voraussetzung* für Gottes Gnade wegfallen, so sehr bekommen sie nun als *Folge* der Gnade mit einem Mal ein ganz neues Gesicht und Gewicht. Paulus fasst den abstrakten Vorgang der „Folge" in das wesentlich anschaulichere Bild von der „Frucht". So formuliert er etwa im Brief an die Galater: „Die Frucht aber des Geistes ist Liebe, Freude, Friede, Geduld, Freundlichkeit, Güte, Treue, Demut, Selbstbeherrschung" (3,22). Im Bild der Frucht wird das Verhältnis von göttlichem und menschlichem Tun sozusagen in die richtige „Reihenfolge" gebracht. So wie in der Natur ein guter Baum eine gute Frucht hervorbringt (vgl. Matthäus 7,17) und nicht etwa umgekehrt, so ist es auch in dem Verhältnis von göttlichem und menschlichem Tun. Nicht irgendeine gute menschliche Tat bewirkt die Gnade Gottes, sondern umgekehrt: Die Gnade Gottes motiviert Menschen, ihrerseits auch Gutes zu tun.

Durch diese Umkehrung bekommen die ethischen Passagen der Bibel nun in der Tat ein ganz anderes Gesicht. Sie erscheinen jetzt nicht mehr als „Eintrittskarte", also als eine von uns zu leistende Vorbedingung, um von Gott angenommen zu werden, sondern als nachträgliche Reaktion auf die Tatsache, dass Gott uns längst angenommen *hat*. Damit verlieren die Texte der Bibel, in denen es um das von uns geforderte Tun geht – also etwa die Gebote – , zunächst einmal ihren zwanghaften, „gesetzlichen" Charakter. Das ganze Verkniffene, Unfrohe, moralisch Verbiesterte, das man Christen, zumal den evangelischen unter ihnen, gerne und manchmal sicher nicht zu Unrecht nachsagt, ist jedenfalls von der Bibel her gar nicht haltbar. Hier hat man „*Lust* am Gesetz des Herrn" (Psalm 1,2). Hier gilt: „Ich habe *Freude* an deinen Geboten" (Psalm 119,47). Hier weiß man, dass Gott vor allem „einen *fröhlichen* Geber lieb hat" (2. Korinther 9,7). Das ist so ziemlich das genaue Gegenteil von „lieber Gott, mach mich fromm, dass ich in den Himmel komm".

Im Bild der „Frucht" steckt aber vor allem der Hinweis, dass unser Tun zu etwas *nütze* zu sein hat. Die Frucht einer Pflanze hat ja vor allem etwas Nährendes, ja auch etwas zu Genießendes für den, der sie zu sich nimmt. Wenn die Bibel nun unser Tun mit einer Frucht vergleicht, bringt sie damit vor allem zum Ausdruck, dass gute Taten einem anderen schlicht *zugute* zu kommen haben. Das scheint selbstverständlich, ist es aber durchaus nicht. Hinter wie vielen vermeintlich guten Taten verbergen sich womöglich noch ganz andere Intentionen? Da rackert sich ein Sozialarbeiter von morgens bis abends unermüdlich in der Betreuung der ihm anvertrauten Menschen ab, guckt nicht auf die Uhr und verzichtet auf manche freie Stunde. Dabei ist ihm vielleicht gar nicht bewusst, dass sein sicher gut gemeintes „Helfersyndrom" womöglich eher dazu angetan ist, *seine* narzisstische Bedürftigkeit zu befriedigen. Gutes Tun als „Frucht" orientiert sich aber nicht an der eigenen, sondern an der Bedürftigkeit des Anderen.

Deshalb muss auch immer die selbstkritische Frage mitschwingen, ob das, was wirklich als „Frucht" *gemeint* ist, auch immer als „Frucht" zur *Geltung* kommt. Da fährt eine „gute" Mutter ihre Tochter täglich mit dem Auto zur Schule, trägt ihr den Tornister bis ins Klassenzimmer nach und schnürt der Kleinen noch rasch die Schuhe. Alles sicher gut gemeint. Dabei merkt sie vielleicht gar nicht, wie das Kind durch solch eine „Über-Behütung" am Ende eher Schaden nimmt, unselbständig bleibt und mehr und mehr maßlose Ansprüche erhebt. So können sich manche vermeintlich „guten Früchte" bei näherem Zusehen – um im Bild zu bleiben – als „faul" (Matthäus 7,17) erweisen. Unser Tun ist aber nur dann gut, wenn es vom anderen tatsächlich Schaden abwendet und seinem Wohl dienlich ist. Wenn dieser Grundsatz klar ist, darf in aller evangelischen Freiheit sicher auch einmal geschwisterlich darum gestritten werden, was im Einzelfall dem anderen wirklich nützlich ist. Manchmal erkennt man das erst auf den zweiten Blick oder erst nachträglich. Manchmal – leider – gar nicht.

4. Eine ernste Verantwortung

Gibt es eine besondere „evangelische" Ethik? Sehen die guten Taten eines Protestanten anders aus als die eines Katholiken, eines Orthodoxen, eines Juden, eines Muslims, eines Humanisten, gar eines Agnostikers oder Atheisten? Oder auf evangelische Institutionen bezogen: Gibt es eine besondere evangelische Kindertagesstättenpädagogik? Eine besondere evangelische Altenbetreuung? Eine evangelische Lebensberatung oder Blinddarmoperation? Allesamt ja zunächst einmal gute, dem anderen nützliche Taten, die sich bei Lichte besehen in der Regel kaum von den guten Taten anderer Menschen oder anderer Institutionen unterscheiden.

Wenn es überhaupt einen Unterschied und insofern dann auch ein besonderes evangelisches „Profil" in dieser Angelegenheit gibt, dann nur in der bereits erwähnten Frage nach dem „Warum". Andere Menschen mögen ihre Gründe haben, Gutes zu tun. Ein evangelischer, also ein auf das Evangelium hörender Mensch wird es jedenfalls nicht um irgendeines irdischen oder himmlischen „Lohns" willen tun. Aber warum dann?

Auch hier haben die Reformatoren eine verblüffend einfache und biblisch einleuchtende Antwort gegeben. In Worten etwa des Heidelberger Katechismus: „Wir sollen gute Werke tun, damit wir uns dankbar gegen Gott erweisen" (Frage 86). Nicht Spekulation auf irgendeine göttliche Gegenleistung, sondern der ganz schlichte Dank für das, „was er dir Gutes getan hat" (Psalm 103,2), ist für die Reformatoren die entscheidende Motivation. Man muss sich diesen Gedanken einmal für einen Moment in Ruhe vor Augen halten: *Ethik als Dank.*

Dank ist ja etwas anderes als „Leistung". Wer „danke" sagt, will eigentlich überhaupt nichts „leisten". Er will einfach nur zum Ausdruck bringen, dass er das, wofür er „danke" sagt, nicht selbstverständlich nimmt, sondern als *Geschenk* ansieht. Und ein Geschenk gibt es bekanntlich *umsonst*, sonst wäre es ja eine Ware. Wer schenkt, erwartet nichts dafür. Weder eine Vor- noch eine Gegenleistung. Er tut es ausschließlich um des Anderen willen, um ihm ganz schlicht eine *Freude* zu machen. Insofern sind die berühmten „Gegengeschenke", wie wir sie etwa von Geburtstagen her kennen, eigentlich gar keine Geschenke, sondern ein rein bürgerliches Tauschgeschäft. Nach dem Motto: Ines hat mir damals den offenbar nicht ganz billigen Picasso-Kunstband geschenkt, da kann ich ihr nun nicht mit einem gewöhnlichen Mosel-Qualitätswein aus dem Aldi-Regal kommen.

Doch Gott inszeniert mit uns keinen Tauschhandel. Er erwartet für das, „was er dir Gutes getan hat", weder eine Vorleistung noch ein „Gegengeschenk". Wir erinnern uns: Gnade, lateinisch „gratia", hat etwas mit „gratis" zu tun. Für die Reformatoren war genau diese Erkenntnis der eigentliche und tiefste Grund ihres Aufbegehrens gegen die damalige Römische Kirche: Mit Gott ist kein Geschäft zu machen. Auch nicht mit guten Taten. Deshalb können diese eben nichts weiter sein als ein dankbarer Ausdruck dafür, dass das, „was er dir Gutes getan hat", nicht als selbstverständlich erachtet wird. Ausdruck kindlicher Freude, die ein Geschenk ja bereiten soll. Gutes tun – nicht aus Berechnung oder gar Angst, sondern schlicht aus dankbarer Freude. Das wäre wohl eine evangelische, also eine evangeliumsgemäße Ethik, wie man sie sich nur wünschen könnte.

So kann man dem biblischen Bild von der „Frucht" noch einmal einen weiteren Aspekt abgewinnen. Frucht hat ja auch etwas mit *Genießen* zu tun. „Deine Gebote sind süßer als Honig und Honigseim" (Psalm 19,11), weiß der biblische Beter. Man wünschte sich gerade bei manch einem eifrigen Protestanten, bei manch einem sicher mit Recht für Frieden, Gerechtigkeit und Bewahrung der Schöpfung kämpfenden Christenmenschen, dass man ihm ein wenig mehr anmerken könnte, dass er das alles wirklich *gerne* tut. Man wünschte sich bei all den vielen sicher wichtigen und richtigen christlichen Engagements manchmal etwas weniger Verbissenheit und Verkniffenheit. Manchmal etwas mehr „Lust am Gesetz des Herrn", etwas mehr „Genuss" am guten Tun, etwas mehr „Glaubensheiterkeit" (Karl Barth). Nicht zuletzt, um – noch einmal in Worten des Heidelberger Katechismus – „unsern Nächsten auch für Christus zu gewinnen" (Frage 86).

Damit ist ein vorläufig letzter Aspekt einer am Evangelium orientierten Ethik benannt. Wer handelt, setzt damit immer auch ein sichtbares *Zeichen* nach außen. Mag auch unser *Gebet* „im Kämmerlein" (Matthäus 6,6) stattfinden, unser *Tun* jedenfalls gehört dort in der Regel nicht hin. „Lasst euer Licht leuchten vor den Leuten", sagt Jesus, „damit sie eure guten Werke sehen und euren Vater im Himmel preisen" (Matthäus 5,16). Gewiss mag es mitunter auch ein segensreiches Wirken im Stillen geben. Aber manches von unserem Wirken lässt sich gar nicht verbergen: etwa wie wir mit unseren Mitmenschen umgehen, wie wir uns im Beruf oder im Straßenverkehr verhalten, wie wir uns bei bestimmten gesellschaftlichen, ökologischen oder politischen Fragen äußern oder gar engagieren. Das alles darf nicht nur, sondern *soll* nach Jesu Worten „vor den Leuten leuchten". Aber nicht deshalb, damit *ich* über meinem Wirken gepriesen werde, sondern *Gott*. Und das wird man dann wenigstens fragen dürfen: Sind die vielen öffentlich gemachten Guttaten, die vielen ausgedruckten Spendenlisten, die vielen Benefizkonzerte und „charity events" wirklich dazu angetan, „unseren Vater im Himmel zu preisen"? Ich wüsste jedenfalls so schnell niemanden zu nennen, der aufgrund all dieser vielen Selbstfeiern schon einmal „für Christus gewonnen" wurde.

Wenn Christen Gutes tun, sind sie damit nicht allein auf der Welt. Auch anderswo werden gute Taten getan. Nächstenliebe üben, Gerechtigkeit walten lassen, Frieden stiften, sich für die Bewahrung der Schöpfung einsetzen – das alles geschieht, Gott sei es gedankt, überall auf der Erde, quer durch alle Religionen und Weltanschauungen. Christen müssen sich hier, nur weil es andere auch machen, nicht schamhaft zurückhalten. Vielmehr gilt das Wort des Apostels Paulus: „Prüfet alles, das Gute behaltet" (1. Thessalonicher 5,21). Doch *was* das jeweils „Gute" ist, wird sich für eine evangelische, also für eine am Evangelium orientierte Ethik im Einzelfall daran entscheiden, ob es wirklich geeignet ist, etwas vom „Reich Gottes und seiner Gerechtigkeit" (Matthäus 6,33) wenigstens anzudeuten. Bei aller christlichen „Glaubensheiterkeit" – von dieser ernsten Verantwortung ist keine evangelische Ethik entbunden.

XI. Gottesdienst

1. Ein buntes Sammelsurium?

Komisch, wenn ich über das Thema „evangelischer Gottesdienst" nachdenke, kommen mir als Erstes gar keine Worte, sondern *Bilder* in den Sinn.

Erstes Bild: Es ist Sonntagmorgen, kurz vor zehn. Ich habe mich entschlossen, heute den Gottesdienst zu besuchen. Bald darauf befinde ich mich in einer mächtigen neugotischen Kirche, wie sie für das Ruhrgebiet nicht untypisch ist. Nachdem ich mir am Eingang ein Gesangbuch geschnappt habe, sitze ich nun in einer der vielen, nur spärlich besetzten Bänke. Sehr weit vorne erkenne ich einen Altar, seitlich davon ein Lesepult. An der anderen Seite etwas erhöht eine Kanzel. Mehrere Mikrophone und Lautsprecher. Soeben haben die dumpfen Glocken ihren letzten Ton abgegeben. Nun hebt die Orgel hinter mir hoch oben auf der Empore zu einem brausenden Vorspiel an. Vermutlich Bach oder so. Inzwischen hat auch der Pfarrer zusammen mit zwei Presbyterinnen das Kirchenschiff betreten. Ab jetzt läuft alles nach einer geheimen Regie ab: Lieder, Gebete, Wechselgesänge, Lesungen, Predigt, Kollekte, Fürbitte, Vaterunser, Segen, Auf Wiedersehen. – Aha, denke ich, das ist also ein evangelischer Gottesdienst.

Zweites Bild: Es ist gerade Himmelfahrt. Im Stadtpark hat sich ein bunter Haufen Menschen rund um den Bismarckturm eingefunden. Im Halbkreis um einen Tisch mit weißer Decke sind Bänke aufgestellt, wie man sie sonst von Bierzelten her kennt. Mir gegenüber sitzt eine junge Familie mit ihren beiden Kindern. „Laura" und „Marvin", wie mir nicht ohne mütterlichen Stolz mitgeteilt wird. Die Sonne lacht vom Himmel, und wir stimmen das erste Lied an. Es ist einigermaßen schmissig. Beim Refrain darf sogar mitgeklatscht werden. Jetzt erst fällt mir auf, dass gar keine Orgel da ist. Statt dessen ein Keyboard. Bald darauf führen ein paar Jugendliche ein, wie es heißt, „Anspiel" vor. Im Anschluss daran hält die Pfarrerin zusammen mit ihrem Kollegen ein lockeres Gespräch über einen Bibeltext. Eine „Dialogpredigt" sei das gewesen, wie ich später erfahre. Am Ende lassen wir alle bunte Luftballons in den blauen Revierhimmel steigen. Im Anschluss gibt es Erbsensuppe, Kaffee und Waffeln. – Aha, denke ich, das ist also ein evangelischer Gottesdienst.

Drittes Bild: Evangelische Fachhochschule Bochum. Wie zu jedem Semesterende hin hat die Studierendenseelsorgerin zu einem Gottesdienst in den „Raum der Stille" eingeladen. Es ist Donnerstag, 14 Uhr. Ein kleiner Raum, nicht viel größer als ein Wohnzimmer. Rund um eine „gestaltete Mitte" aus ein paar Ästen, Steinen und Teelichtern gibt es kleine Bänke oder Sitzkissen. Im Hintergrund erklingt aus einem CD-Player leise meditative Musik. Die Seelsorgerin findet sehr warme, „abholende" Worte. Zu den Liedern aus einem bereits etwas abgegriffenen Heft zupft jemand auf der Gitarre. Dann konzentrieren wir uns alle auf ein Bild, das so aussieht, als könne es von Chagall sein. Mehrere Studierende haben sich dazu ihre Gedanken gemacht, die sie uns nun vorlesen. Wer möchte, kann sich auch noch spontan dazu äußern. Mir fällt auf, dass viel „Studienalltag" vorkommt: Stress, Prüfungsängste, Freude über eine gute Note, Konflikte in der WG. Am Ende wird noch ein „irischer Reisesegen" gesprochen, der uns in die kommenden Wochen hinein begleiten soll. – Aha, denke ich, das ist also ein evangelischer Gottesdienst.

Viertes Bild: Berlin, Deutscher Evangelischer Kirchentag. Abschlussgottesdienst auf der großen Rasenfläche vor dem Reichstagsgebäude. Dicht gedrängt sitzen Zehntausende von Menschen auf Pappkartons oder auf den Resten eines Stadtplans. Für die, die es nicht bis in die Nähe der reservierten „Promi-Reihen" geschafft haben, kann das gottesdienstliche Geschehen via „Public Viewing" gut verfolgt werden. Nachdem die Kirchentagsglocken über Lautsprecher verklungen sind, hebt ein mächtiger Choral an, getragen von unzähligen funkelnden Posaunen. Grußworte wehen über das Areal. Eine Pantomime, untermalt von einem Saxophon, ist zu bestaunen. Danach ein paar aufrüttelnde Texte zur Kirchentagslosung und fetziger Bigband-Jazz. Die Predigt des „befreundeten Bischofs" erreicht uns aus fernen ökumenischen Weiten und wird gelegentlich von Applaus unterbrochen. Dann gehen Fladenbrote und Tonbecher durch die Reihen. Die ältere Dame neben mir kommt aus Görlitz. Soeben hat sie mir ein „Christi Leib, für dich gegeben" zugesprochen. Beim Abmarsch donnert ein Hubschrauber des Bundesgrenzschutzes über uns dahin. – Aha, denke ich, das ist also ein evangelischer Gottesdienst.

Fünftes Bild: Ich bin der Einladung des blauen Handzettels mit der gelben Sonne gefolgt, das zu einem „Evangelischen Gottesdienst in deutscher Sprache" eingeladen hat. Es ist später Sonntagvormittag. Wir befinden uns in der kleinen Dorfkirche von Groet, unweit der holländischen Nordseeküste. Ein sympathischer Pfarrer mittleren Alters irgendwo aus dem Südhannoverschen stellt sich vor und begrüßt uns, die deutschen Urlauber. Gottesdienst während eines Urlaubs sei ja auch immer eine Möglichkeit, innezuhalten, aufzutanken und über das eine oder andere einmal in Ruhe nachzudenken. Der Ablauf des Gottesdienstes ist aus einfachen Bausteinen zusammengesetzt: vertraute alte Choräle und halbwegs bekannte neue Lieder, ruhige Gebete und Psalmworte voller Lob und Dank. Zur Predigt hat der junge Pfarrer eine Muschel mitgebracht, an der er etwas deutlich machen möchte. In den Abkündigungen zum Schluss wird – neben dem Dank an die gastgebende holländische Gemeinde – noch zu einem kleinen „Danach" nebenan im Gemeindehaus eingeladen. – Aha, denke ich, das ist also ein evangelischer Gottesdienst.

Wahllos ausgesuchte Erinnerungen an ein paar evangelische Gottesdienste. Ein buntes Sammelsurium verschiedener Bilder, Eindrücke, Stimmungen, so scheint es. Und immer soll es sich dabei um einen evangelischen Gottesdienst handeln? Gibt es ihn überhaupt: *den* evangelischen Gottesdienst? Haben es da nicht die Katholiken sehr viel einfacher? Egal, wo man hinkommt, ob im Kölner Dom oder in einer bayerischen Dorfkirche, ob in Castrop-Rauxel oder auf den Philippinen – überall die gleiche Liturgie, das gleiche Geschehen, der gleiche Ablauf. Gewiss gibt es auch im evangelischen Raum eine gewisse Gottesdienstordnung. Aber sie lässt offensichtlich einen relativ großen Gestaltungsspielraum. Liegt das vielleicht daran, dass es bei den Evangelischen „nicht so drauf ankommt"? Oder gibt es nicht eventuell auch gute Gründe für diese Vielfalt? Wenn wir auch hier nach einer evangelischen, also einer evangeliumsgemäßen Antwort suchen, schlagen wir am besten – wieder einmal – zunächst die Bibel auf.

2. Biblische Auffälligkeiten

Als Erstes fällt auf, dass das Wort „Gottesdienst" so in der Bibel gar nicht vorkommt. Stattdessen begegnen uns eher profane Begriffe wie „Versammlung", „Zusammenkunft" oder „Gemeinschaft". Bereits im Alten Testament heißt es: „Lobet Gott in den *Versammlungen*" (Psalm 26,27). Und von Jesus kennen wir das bekannte Wort: „Wo zwei oder drei in meinem Namen *versammelt* sind, da bin ich mitten unter ihnen" (Matthäus 18,20). „Wenn ihr *zusammenkommt* …" beginnt Paulus einen Briefabschnitt, in dem es um den Gottesdienst geht (1. Korinther 14,26). Und dann wird verschiedentlich – etwa in der Apostelgeschichte – geschildert, wie es bei solchen Versammlungen zuging: „Sie aber blieben beständig in der Lehre der Apostel und in der Gemeinschaft und im Brotbrechen und im Gebet" (Apostelgeschichte 2,42). An anderer Stelle ist sogar von Teilen und Gütergemeinschaft die Rede.

Zweite Auffälligkeit: In den biblischen Texten kommt nirgendwo ein „Pfarrer" vor, also eine gottesdienstlich hervorgehobene Person mit Talar und Beffchen. Wohl begegnen uns immer wieder einzelne, zum Teil auch sehr hervorgehobene Menschen: charismatische Führer wie etwa Mose. Prophetische Gestalten wie etwa Jesaja oder Amos. Mächtige Prediger wie etwa Nathan oder Paulus. Aber wir finden keinen „Pfarrer", so wie wir ihn kennen. Gewiss gibt es hier und da für bestimmte gottesdienstliche Aufgaben, etwa Opfer und Fürbitte, auch das Amt des Priesters. Aber Opfer oder Fürbitte werden auch von anderen Menschen praktiziert. Die Grundtendenz geht vielmehr in eine andere Richtung, nämlich die, dass das hervorgehobene gottesdienstliche „Amt" sozusagen *kollektiviert* wird, wenn es etwa programmatisch heißt: „Ihr sollt mir ein Königreich von Priestern und ein heiliges Volk sein" (2. Mose 19,6). Und das Neue Testament führt diesen Satz fort: „dass ihr verkündigen sollt die Wohltaten dessen, der Euch berufen hat von der Finsternis zu seinem wunderbaren Licht" (1.Petrus 2,9). *Ihr*! In der Bibel ist die *Gemeinde* das eigentliche Subjekt des Gottesdienstes, nicht irgendein Priester oder Pfarrer. Luther hat von dort her seine Lehre von

„Priestertum aller Gläubigen" abgeleitet: „Was aus der Taufe gekrochen ist, das kann sich rühmen, dass es schon zum Priester, Bischof und Papst geweiht sei."

In der Tat hat man im Neuen Testament den Eindruck, dass dort die *versammelte Gemeinde* gewissermaßen „einander" zum Verkündiger wird. „Lehrt und ermahnt einander", heißt es beispielsweise (Kolosser 3,16). Und der Apostel Paulus präzisiert: „Wenn ihr zusammenkommt, so hat ein jeder einen Psalm, er hat eine Lehre, er hat eine Offenbarung, er hat eine Zungenrede, er hat eine Auslegung" (1 Korinther 14,26). Ein *jeder!* Dass in den späteren neutestamentlichen Texten nun auf einmal doch wieder einzelne hervorgehobene „Ämter" auftauchen, wie etwa „Apostel", „Propheten", „Evangelisten", „Hirten" und „Lehrer" (Epheser 4,11) oder „Bischöfe" und „Diakone" (Philipper 1,1), hat vor allem mit der instabilen Ausnahmesituation der jungen Christenheit zu tun. Aufkommende Irrlehren, aber auch erste Nachstellungen von außen scheinen nach einer ordnenden Hand zu rufen. Es ändert nichts an jener Grundtendenz, die der Gemeinde, in der jeder „Priester" und „heilig" ist, den Vorrang gibt.

Alsdann fällt auf, dass es – zumindest in der neutestamentlichen Gemeinde – anscheinend *keine feste Gottesdienstordnung* gibt. Jedenfalls ist eine solche nicht überliefert. Was wir vorfinden, sind einzelne liturgische Bruchstücke: mal einen Hymnus (z. B. Philipper 2,5-11), mal ein Bekenntnis (z. B. 1 Korinther 15,3-5) mal ein Taufformular (Kolosser 1,15-20) oder ein Segenswort (z. B. Epheser 1,3). Offenbar hat der Gottesdienst in Korinth einen anderen Ablauf als der in Jerusalem, Kolossä oder Ephesus. Natürlich stellt sich da, wo Menschen zusammenkommen, irgendwann auch einmal die Frage der Ordnung. Aber diese wird offensichtlich unter rein pragmatischen Gesichtspunkten gesehen, etwa dem, dass nicht alle durcheinanderreden sollen. Deshalb stellt Paulus der gottesdienstlichen „Unordnung" auch nicht eine gottesdienstliche „Ordnung" gegenüber, sondern den „Frieden" (1 Korinther 14,33). Alles hat der „Erbauung" der Gemeinde zu dienen und nicht einem formalen liturgischen Schema zu folgen.

Hinzu kommt, dass das Neue Testament keine besonderen, „heiligen" *Gottesdiensträume* mehr kennt. Konnte noch etwa ein Erzvater Jakob den Ort seiner Gottesbegegnung „heilige Stätte", gar „Haus Gottes" (hebräisch: Bethel) nennen (1 Mose 28,17), waren noch dem Volk des alten Bundes bestimmte Heiligtümer, etwa Silo oder Beerscheba, vertraute Opferstätten und war für Israel vor allem der Tempel in Jerusalem der zentrale Ort der Gottesgegenwart, so ist seit dem Riss des Vorhangs im Tempel (Matthäus 27,51) die lokale Grenze zwischen „heilig" und „profan" nicht mehr wirklich relevant. Fortan trifft sich die biblische Gottesdienstgemeinde nicht nur im Tempel oder in der Synagoge, sondern auch „hier und dort in den Häusern" (Apostelgeschichte 2,46) oder – wenn es die Umstände erfordern – auch einmal an ungewöhnlichem Ort, etwa am Ufer eines Flusses (Apostelgeschichte 16,13) oder gar im Haus eines Gefängniswärters (16,32ff). Gott ist nicht an „heilige" Gebäude gebunden, sondern da gegenwärtig, wo er unter Menschen Wohnung nimmt. Der Tempel Gottes, sagt Paulus, „der seid *ihr*" (1 Korinther 3,17).

Schließlich verwundert es dann auch nicht mehr, dass das Neue Testament zumindest begrifflich keinen Unterschied mehr macht etwa zwischen „Gottesdienst" am Sonntag und dem übrigen „Gemeindeleben" im Alltag, so wie wir das ja gewohnt sind. Das wird daran deutlich, dass dieselbe Vokabel (griechisch: „ekklesia" = „Versammlung") sowohl zur Bezeichnung eines Gottesdienstes als auch einer Ortsgemeinde verwandt werden kann (vgl. 1 Korinther 14,28 und 16,19). Die biblische Gemeinde ist Gemeinde, *indem* sie sich gottesdienstlich versammelt. Gottesdienst am Sonntag einerseits und gemeindliches Leben im Alltag andererseits sind offenbar die beiden unbedingt zusammengehörigen Seiten ein und derselben Sache, nämlich eines, wie Paulus es nennt, „vernünftigen Gottesdienstes" (Römer 12,1).

3. „Gottesdienst" so oder so herum gelesen

Bereits dieser kurze Überblick birgt genügend „Stoff", um zu verstehen, was der evangelische Gottesdienst ist. Er will ja vor allem *evangeliumsgemäß* sein. Evangeliumsgemäß kann aber nicht heißen, dass das in der Bibel Geschilderte nun einfach ungebrochen und unreflektiert – sozusagen „eins zu eins" – auf die heutige Zeit übertragen wird. Wir sind weder Bethel noch Silo, weder Jerusalem noch Korinth. Nirgendwo fordern die Texte ja auch eine naive Imitation. Gleichwohl dürfen und sollen wir sie als eine grundsätzliche *Wegweisung* verstehen, auch wenn wir inzwischen unter völlig anderen kirchlichen, kulturellen und gesellschaftlichen Verhältnissen leben.

Das Grundverständnis des evangelischen Gottesdienstes wird jedem Besucher einer evangelischen Kirche an einem unübersehbaren Gegenstand sofort vor Augen geführt: die *aufgeschlagene Bibel*. Sie weist symbolisch auf das Wesentliche jedes evangelischen Gottesdienstes hin: die Verkündigung des *Wortes Gottes*. Hier sind Menschen versammelt, die danach suchen, im Gewirr der vielen Stimmen des Alltags einmal eine *andere* Stimme zu hören als die, die ihnen tagtäglich von den Litfaßsäulen oder auch nur den Weisheiten des Herrn Jedermann her zu Ohren kommen. Eine Stimme, die sie deshalb eben auch woanders suchen, nämlich in der Schrift (sola scriptura). Und auf die sie dann auch mit anderen Worten zu antworten versuchen, als man sie sonst zu hören bekommt: in Gebet und Lied. Deshalb soll – mit Luther gesprochen – in einem Gottesdienst nichts anderes geschehen, „denn dass unser lieber Herr selbst mit uns rede durch sein heiliges Wort und wir wiederum mit ihm reden durch Gebet und Lobgesang". Das ist der Kern des evangelischen Gottesdienstes.

Insofern unterscheidet sich dieses Gottesdienstverständnis grundsätzlich von anderen, eher „kultisch" geprägten Auffassungen, die im Gottesdienst zuallererst eine bestimmte religiöse Handlung von *Menschen* sehen, etwa die Zelebrierung des Sakraments, gar den Vollzug eines Opfers oder auch die Selbstfeier geistlich Gleichgesinnter. Die Reformatoren indes sahen in einem Gottesdienst, der primär an einem menschlichen Tun, und sei es noch so „fromm", und nicht an dem Hören auf Gottes Wort orientiert ist, die biblische Erkenntnis in Gefahr, wonach der Mensch nicht durch eigene Werke, sondern einzig durch die gnädige Zuwendung Gottes in Jesus Christus gerecht wird.

Deshalb ist es für einen evangelischen Gottesdienst im Prinzip auch egal, wo und unter welchen Umständen er stattfindet. Ob in einem gotischen Dom oder in einer baufälligen Hütte. Ob in einem Krankenzimmer oder in einer Gefängniszelle. Ob unter Leitung eines „beamteten" Pfarrers oder in Verantwortung einer Gruppe. Hier mag es im Einzelnen jeweils gute Gründe geben, es so oder so zu halten. Auch auf die Bezeichnung kommt es im Prinzip nicht an. Das Wort „Gottesdienst" ist ja, wie wir sahen, gar nicht biblischen Ursprungs. In dieser Form taucht es erst im Laufe des Mittelalters auf. Zunächst nur als Ausdruck allgemeiner Gottesverehrung, seit der Reformation dann zunehmend als feststehende Bezeichnung für die Versammlung der Gemeinde unter Gottes Wort. Der Begriff hat aber immerhin den theologischen Vorteil, dass er darauf hinweist, dass zuerst Gott selbst es ist, der uns in seinem Wort einen „Dienst" tut.

Man kann das Wort natürlich auch andersherum lesen, wenn wir mit „Gottesdienst" den Dienst meinen, den wir Gott gegenüber zu leisten haben. Dann ist damit aber mehr eine grundsätzliche Lebenshaltung gemeint. So wie sie etwa Josua auf dem Landtag zu Sichem für sich und die Seinen formuliert: „Ich aber und mein Haus wollen dem Herrn dienen" (Josua 24,15). Und wie das in neuerer Zeit gerne als „Gottesdienst im Alltag der Welt" bezeichnet wird. Wir merken schon, dass eigentlich nur beide Lesarten von „Gottesdienst" *zusammen* einen ordentlichen Sinn machen: Der sonntägliche Gottesdienst ohne Folgen für das Leben im Alltag bliebe eine leere religiöse Floskel. Und der „Gottesdienst im Alltag der Welt" ohne das stets neue Hören auf das Wort Gottes würde bald zu einer unfrohen moralischen Anstrengung verdorren. Immerhin heißt es: „Dienet dem Herrn mit *Freuden*!" (Psalm 100,2)

4. Fragen, mit denen man sich beschäftigen sollte

Auch wenn die Bibel grundsätzlich kein unmittelbares Rezeptbuch ist, so ermuntert sie uns doch unmissverständlich, über bestimmte praktische Folgerungen für den Gottesdienst wenigstens einmal nachzudenken. Man kann mit der biblischen Botschaft auch schnell fertig sein, indem man in herablassender Geste darauf verweist, dass die Texte des Alten und Neuen Testaments schließlich sehr zeitverhaftet seien und man alles ohnehin „nicht so wörtlich" nehmen könne. Dem ist entgegenzuhalten, dass man – auch ohne die Texte immer „wörtlich" zu nehmen – diese durchaus *ernst* nehmen kann. Im Hinblick auf den Gottesdienst und seine Gestaltung könnten das immerhin ein paar *Fragen* sein, mit denen sich eine evangelische Gemeinde, die ihren Gottesdienst eben vor allem vor der Botschaft der Heiligen Schrift verantworten möchte, beschäftigen sollte. Es könnten unter anderem diese sein:

Wenn es so ist, dass für die biblische Gemeinde der Gottesdienst primär *Versammlung* ist, dann wäre zu fragen, woran es liegt, dass in unseren Gottesdiensten häufig so wenig davon zu spüren ist. Müsste hier nicht neu über so scheinbar banale Dinge wie Sitzordnung, Raumgestaltung und Kommunikation unter dem Gesichtspunkt eines gelingenden Miteinanders nachgedacht werden? In manchen Kirchen fühlt man sich eher wie in einer zugigen Bahnhofshalle oder einer winterlichen italienischen Eisdiele. In anderen wie in einem Museum oder einer lieblosen Abstellkammer. Manche Kirchen sind so angelegt, dass man nur ja nicht in die Verlegenheit kommt, jemanden einmal ins Gesicht zu schauen, geschweige denn ihm die Hand zu schütteln oder gar mit ihm reden zu müssen. Wenn wir den biblischen Gedanken vom Gottesdienst als einer unter Gottes Wort versammelter *Gemeinschaft* halbwegs ernst nehmen, wäre hier manches praktisch und bereits ohne großen Aufwand zu ändern. Die Frage ist nur, ob man es will.

Wenn es so ist, dass in der biblischen Gemeinde nicht ein Pfarrer oder sonst ein hervorgehobenes Amt, sondern die Gemeinde *untereinander* und *aneinander* zum Verkündiger des Evangeliums wird, müsste dann nicht die „normale" Gemeinde ernsthafter und nachhaltiger in den Dienst der Verkündigung einbezogen werden? Warum gibt es kaum regelmäßige Predigtvorgespräche und Predigtnachgespräche? Warum gibt es so wenig gemeindliche Gruppen, die Gottesdienste vorbereiten? Warum wird nicht entschiedener nach kreativen Wegen gesucht, auch im Gottesdienst mehr gemeinsam das Wort auszulegen? Warum werden nicht auch einmal andere Gaben und Gestaltungselemente in den Dienst der Verkündigung gestellt: musikalische Improvisationen und gemeindlicher Wechselgesang, Bild und Anspiel, Pantomime und Ausdruckstanz, Sachinformation und faire Streitkultur? Die biblischen Einsichten könnten hier manch legitime Fantasie freisetzen. Die Frage ist nur, ob man es will.

Wenn es so ist, dass die biblische Gemeinde offenbar keine feste, an allen Orten geltende *Gottesdienstordnung* kennt, müsste man sich nicht eine viel größere Freiheit erlauben, den Gottesdienst unterschiedlicher und damit auch lebendiger zu gestalten? Die von konservativer Seite vielfach beschworene Notwendigkeit immer gleicher, „wiedererkennbarer" gottesdienstlicher Strukturen erweist sich meist schon bei einem Besuch im Nachbardorf, wo manches anders zugeht, als pure Ideologie. Luther jedenfalls war durchaus nicht der Meinung, „dass das ganze deutsche Land gleichmäßig unsere Wittenbergische Ordnung annehmen müsse". Und ein paar Jahre später findet sich in der Augsburger Konfession von 1530 bereits der allgemeine evangelische Konsens, dass es „zur wahren Einheit der christlichen Kirche" nicht „nötig" sei, „dass überall die gleichen, von den Menschen eingesetzten Zeremonien eingehalten werden". Wenn man nur sieht, mit welch einer Inbrunst heutzutage manch ein evangelischer Gottesdienst auf die Einhaltung der – sei's lutherischen, unierten, reformierten oder sonst einer – Liturgie bedacht ist, dann fragt man sich, wo hier die einmal gewonnene reformatorische Freiheit eigentlich geblieben ist. Dass sich umgekehrt auf diesem Gebiet mitunter auch viel Willkür und Schludrigkeit eingeschlichen haben, heißt ja noch lange nicht, dass es nicht auch eine *verantwortliche* lebendige und kreative Gottesdienstgestaltung geben kann. Die Frage ist nur, ob man sie will.

Wenn es so ist, dass zumindest die neutestamentliche Gemeinde sich gottesdienstlich nicht mehr an feste, gar „heilige" Orte gebunden weiß, müsste man dann nicht den Mut haben, viel öfter einmal „aus sich heraus" zu gehen? Das Evangelium will an die *Öffentlichkeit*. Jesus predigte auf freiem Feld und Paulus auf dem Markt. Warum nicht Gottesdienste couragiert auch einmal in der Fußgängerzone, auf dem Werksgelände, im Museum, am Strand oder im sozialen Brennpunkt? Warum nicht auch einmal im Stadtpark, im Kino, im

Parlament, in der Kneipe oder im Internet? Man hat gelegentlich den Eindruck, als ob auch die evangelische Gemeinde ihre Gottesdiensträume manchmal wie einen „heiligen Tempel" betrachtet, die man mit möglichst dicken Mauern der Gewohnheit, des Insider-Jargons und des Unter-sich-sein-Wollens gegen das „Draußen" abzuschotten sucht. Eine evangelische Gemeinde hat aber um des Evangeliums willen das ihr Mögliche zu tun, damit – mit Luther – „das Wort im Schwange gehe" und also unter die Leute kommt. Die Frage ist nur, ob man es will.

Und nicht zuletzt: Wenn es so ist, dass das Neue Testament zumindest begrifflich keinen Unterschied macht zwischen „Gottesdienst" und „Gemeindeleben", warum wird nicht energischer daran gearbeitet, sowohl das Gemeindeleben zum Gottesdienst als auch den Gottesdienst zum Gemeindeleben, zum „Alltag der Welt" hin zu öffnen? Beide Seiten führen ja oft ein merkwürdig introvertiertes Eigenleben. Predigten mit vermeintlich „zeitlosen" Wahrheiten, um nicht zu sagen: Belanglosigkeiten ohne erkennbaren oder vielleicht auch einmal heilsam beunruhigenden Bezug zum Alltag. Und auf der anderen Seite gemeindliche Veranstaltungen unter der Woche, die nicht unbedingt erkennen lassen, dass sie vom Wort Gottes motiviert sind: Handarbeitskreise, Kaffeekränzchen, Tanzkurse. Es gibt inzwischen durchaus erprobte und bewährte Möglichkeiten sowohl eines lebensorientierten Gottesdienstes als auch eines gottesdienstorientierten Gemeindeaufbaus. Die Frage ist nur, ob man das will.

Und dann könnte es sein, dass jenes „bunte Sammelsurium" am Ende gar nicht einer unverantwortlichen Willkür entspringt, sondern einfach Ausdruck eines *evangeliumsgemäßen* Gottesdienstverständnisses ist, bei dem sich die alte Frage, ob man als evangelischer Mensch eigentlich in den Gottesdienst gehen „muss", von selbst erledigt. Der Gottesdienst also so „attraktiv" ist, dass man schlicht etwas verpasst, wenn man nicht an ihm teilnimmt: ein einladendes, gemeinschaftliches, lebendiges und weltoffenes Verkündigungsgeschehen – frei von falschen Zwängen und frei zu mancherlei Möglichkeiten, „das Wort Christi *reichlich* unter euch wohnen" zu lassen (Kolosser 3,16). In der Bibel wird die Gnade Gottes selbst einmal als „bunt" bezeichnet (1. Petrus 4,10). Warum sie einem ausgerechnet im evangelischen Gottesdienst häufig so grau begegnet, wird wohl ewig dessen Geheimnis bleiben.

XII. Die evangelischen Sakramente

1. Was ist eigentlich ein Sakrament?

„Ich kann es nicht." Bodo neben mir an der Theke macht einen ziemlich unglücklichen Eindruck. Alle paar Monate treffen wir uns zu einem geruhsamen Bier in der Kneipe nebenan. Heute erzählt er mir ungewöhnlich lange von Carola. Wie damals im Sportverein alles angefangen hat. Wie sie sich verliebt, verlobt und schließlich geheiratet hatten. Kirchlich natürlich auch, da waren sie ganz einer Überzeugung gewesen. Wie die Kinder kamen, um die sich hauptsächlich Carola gekümmert hatte, während er eine ordentliche berufliche Karriere hinlegte. Wie sie beide, als die Kinder endlich aus dem Haus waren, feststellten, dass die alte Liebe auch nicht mehr das war, was sie mal war. Wie sie sich in den letzten Jahren immer mehr auseinandergelebt und sich mittlerweile eigentlich nicht mehr viel zu sagen hätten. Wie sie auch schon einmal bei einer Eheberatung gewesen seien, diese aber „auch nichts gebracht" habe. Bodo bestellt die nächsten beiden Pils.

„Hast du schon einmal an eine Trennung gedacht? Ich meine, wenn so gar nichts mehr geht, kann man doch vielleicht mal alle Möglichkeiten durchspielen." Bodo sieht mich fast traurig an. „Daran gedacht habe ich hin und wieder schon. Aber ich kann es nicht." „Wieso?" „Na ja, du als Protestant kannst das vielleicht nicht nachvollziehen. Aber ich bin nun mal katholisch aufgewachsen. Und stehe auch dazu. Bei uns ist die Ehe schließlich ein Sakrament. Unauflöslich, verstehst du?" Ich versuche es.

Wie war das noch mit dem Sakrament? Irgendwann habe ich mal gelernt, dass es davon in der Katholischen Kirche sieben Stück gibt. Neben der Ehe noch Taufe und Abendmahl, Buße und Firmung, Priesterweihe und Krankensalbung. Und dass das nach katholischer Lehre bestimmte heilige Handlungen sind, die dem einzelnen Gläubigen durch die Hand eines geweihten Priesters das Heil vermitteln sollen. Unverbrüchlich und – eben – unauflöslich. Gibt es so etwas auch in der Evangelischen Kirche?

In der Bibel gibt es die Sakramente so jedenfalls nicht. Zumindest kommt das Wort „Sakrament" dort nirgendwo vor. Dieses hat sich erst Jahrhunderte später in die Kirche eingeschlichen, und zwar durch den alten Kirchenvater Augustin (345 – 430). Er führte den Begriff, der wörtlich eigentlich „Weihehandlung" bedeutet, zur Bezeichnung von Taufe und Abendmahl ein: selbstwirksame „Gnadenmittel", die unabhängig vom Glauben des Gläubigen bei diesem das Heil Christi wirken sollten. Im Laufe des Mittelalters wuchs die Anzahl der Sakramente dann nach und nach auf sieben an.

Die Reformatoren begrenzen dann die Anzahl der Sakramente wieder auf zwei, nämlich Taufe und Abendmahl, weil – so ihr Argument – nur sie von Christus selbst eingesetzt worden seien. Und zwar mit einem jeweiligen *Wort* (Taufbefehl bzw. Einsetzungsworte beim Abendmahl) und einem jeweils dazugehörigen *Zeichen* (Wasser bzw. Brot und Kelch). Aber auch diese beiden Sakramente sind für die Reformatoren keine „selbstwirksamen", die Verkündigung gewissermaßen überbietende „Heilsmittel", sondern nichts anderes als eine besondere *Form* der Verkündigung, und zwar eine *sicht-*

bare (verbum visibile). Während die Predigt die *unsichtbare* Form der Verkündigung ist (verbum invisibile). Ob nun sichtbar oder unsichtbar, entscheidend für den Glauben bleibt die lebendige Verkündigung des Wortes Gottes. Denn, so Paulus: „Der Glaube kommt aus der Predigt" (Römer 10,17), wörtlich: „aus dem *Hören*".

Für die Reformatoren verlieren damit die Sakramente Taufe und Abendmahl nichts an Bedeutung. Als eben sichtbare „Wahrzeichen" und „Siegel" sind sie überaus notwendig, „um den Zuspruch des Evangeliums besser *verständlich* zu machen", wie es der Heidelberger Katechismus formuliert (Frage 66). Auch der Glaube kann ja mitunter durchaus an Begriffsstutzigkeit, um nicht zu sagen: Schwäche leiden. Calvin erkennt deshalb, dass die Sakramente vor allem „um der Schwachheit unseres Glaubens" willen gegeben sind. Und nicht, um die Gnade selbst zu vermitteln. Deshalb kann Luther z. B. in Bezug auf das Sakrament der Taufe sagen: „Es kann auch einer glauben, wenn er gleich nicht getauft ist; denn die Taufe ist nicht mehr als ein äußerliches Zeichen … Kann man sie haben, so ists gut, dann nehme man sie … Wenn man sie aber nicht haben könnte oder sie einem versagt wurde, ist er dennoch nicht verdammt damit, wenn er nur dem Evangelium glaubt."

2. Taufe: Eine andere Welt ist möglich

Der junge Vater in meinem Dienstzimmer mir gegenüber zuckt die Schultern. „Da müssen Sie schon meine Frau fragen. Ich kenne mich da nicht so aus." Ich hatte ihm schlicht die Frage gestellt, warum er am nächsten Sonntag sein Kind taufen lassen wolle. Dann guckt er ein wenig unsicher an mir vorbei nach draußen. Jetzt ist also die junge Mutter gefragt. „Na ja, ich weiß nicht. Das macht man doch halt so. Und ich muss auch mal ganz ehrlich sagen: In solchen Sachen bin ich auch ein bisschen altmodisch. Stellen Sie sich vor: Wir haben noch das Original-Taufkleid von meiner Oma. Noch aus dem Krieg. Vielleicht hat es ja etwas genützt. Oma und Opa haben ja Schlimmes mitgemacht damals. Also, ich glaub an so was. Schaden kann's ja jedenfalls nicht." –

Ich treffe sie beim Gemeindefest neben dem Waffelstand. Wir haben uns längere Zeit nicht gesehen. Man kommt so über dieses und jenes ins Gespräch. Sie erzählt, dass sie kurze Zeit verheiratet gewesen sei und eine kleine süße Tochter habe. Mittlerweile drei Jahre. Auf meine Frage, ob sie sich über eine mögliche Taufe ihrer Tochter schon Gedanken gemacht habe, sagt sie: „Selbstverständlich. Aber das soll sie einmal selbst entscheiden. Vielleicht will sie das ja später einmal. Vielleicht aber auch nicht. Es gibt schließlich so viele Möglichkeiten. Vielleicht will sie ja mal katholisch werden. Oder Buddhistin. Oder gar nichts. Warum sollte ich ihr da reinreden?" –

Sonntagmorgen, kurz nach zehn. Es ist nicht zu überhören: Heute ist Taufe. Die ersten beiden Bankreihen sind reserviert für die „Taufgesellschaft": Eltern, Paten, Großeltern, ein paar Kinder rund ums Grundschulalter. Und natürlich das Baby. Alle scheinen ein wenig unsicher, wissen offenbar nicht so recht, wie sich korrekt verhalten. Einige suchen mit interessierten Blicken den Kirchraum ab, andere blättern gelangweilt im Gesangbuch, jemand hantiert an seiner Kamera, die Mutter ist ohnehin vollauf beschäftigt. Nach dem Gottesdienst begibt sich die Tauffamilie irgendwohin. Ein kleiner Teil der übrigen Gottesdienstgemeinde ist noch zu einer Tasse Kaffee im Vorraum der Kirche zurückgeblieben. Der Großteil hat sich längst in alle vier Winde verkrümelt. –

Ein paar x-beliebige Begegnungen aus dem gemeindlichen Alltag. Sie hinterlassen aber auch ein paar grundsätzliche Fragen. Etwa: Was ist die Taufe eigentlich ihrem *Wesen* nach? So eine Art religiöse Versicherung gegen die unwägbaren Fährnisse des Lebens? Wie der Rheinländer sagt: „Wer weiß, wofür et jut is." Oder: *Wer* soll eigentlich getauft werden? Kinder, genauer gesagt: Babys, oder mündige Erwachsene? Was spricht für das eine, was für das andere? Nicht zuletzt: Was hat die Taufe – ob klein oder groß – eigentlich mit der *Gemeinde* zu tun? Könnte man – statt im Gottesdienst – nicht genauso gut in einem Wohnzimmer taufen?

Getauft wird in der Evangelischen Kirche, weil Jesus selbst es so geboten hat: „Taufet sie auf den Namen des Vaters und des Sohnes und des Heiligen Geistes und lehret sie halten alles, was ich euch befohlen habe" (Matthäus 28,19f). Das ist die Basis für alles Weitere. Wie das in der ersten Christenheit im Einzelnen ausgesehen haben mag, davon berichten ein paar neutestamentliche Geschichten, wie sie uns vor allem in der Apostelgeschichte überliefert sind. In der Regel lassen sich dort Menschen taufen, nachdem sie zuvor im Evangelium unterwiesen wurden. So etwa die zum Pfingstfest in Jerusalem versammelten Leute (vgl. 2,41), der Kämmerer aus Äthiopien (vgl. 8,38) oder auch der Kerkermeister in Philippi „und alle die Seinen" (16,33). Ob auch Kinder darunter waren, gar Babys? Man weiß es nicht.

Im Kern geht es stets darum, dass mit der Taufe für die Menschen etwas ganz Neues beginnt, eine Art *Herrschaftswechsel*. Menschen, die zuvor vielleicht sehr beeindruckt waren, sich vielleicht sogar geknechtet und ausgenutzt fühlten von anderen Mächten, von unterdrückerischen Verhältnissen, von Aberglauben oder auch ihrer eigenen schuldhaften Vergangenheit – sie alle erfahren durch das Evangelium von Jesus Christus eine andere, eine grundsätzlich befreiende, eine sie froh machende neue Herrschaft, so dass Paulus in dem Zusammenhang einmal – für die damalige Zeit geradezu revolutionär – sagen kann: „Denn ihr alle, die ihr auf Christus getauft seid, habt Christus angezogen. Hier ist nicht Jude noch Grieche, hier ist nicht Sklave noch Freier, hier ist nicht Mann noch Frau; denn ihr seid allesamt einer in Christus Jesus" (Galater 3,27 f). Mit dem Glauben an Christus wird für diese Menschen alles anders.

So erklärt es sich überhaupt, dass sich in der jungen Christenheit Menschen aus allen sozialen und religiösen Schichten zusammenfinden: Reiche und Arme, Herren und Knechte, Juden und Heiden, Frauen und Männer, Ehrbare und Prostituierte. Wer getauft wird, bleibt also nicht allein. Er hat nicht nur eine neue Gemeinschaft mit Jesus Christus, sondern gleichzeitig damit auch eine neue Gemeinschaft mit anderen Menschen, mit der *Gemeinde*. Mit einer Gemeinschaft, in der es nun anders zugehen darf als anderswo, eben wo weder „Jude noch Grieche, Sklave noch Freier, Mann noch Frau" ist. Ob es seinerzeit ausschließlich Erwachsene waren, die sich taufen ließen, müssen wir offenlassen. Vieles – vor allem die häufige Erwähnung der zuvor erfolgten Unterweisung und die überlieferten Taufbekenntnisse – spreche zwar dafür. Gänzlich auszuschließen ist eine Säuglingstaufe allerdings auch nicht.

Die weitere Geschichte der Taufe ist vor allem von zwei Faktoren bestimmt, einem politischen und einem theologischen. Der *politische* ist die sogenannte „Konstantinische Wende" im Jahre 321 nach Christi Geburt. Bis dahin standen die Christen in grundsätzlicher Opposition zum römischen Staat. Das lag daran, dass die römischen Kaiser sich durchweg als göttergleiche Herrscher verstanden, denen unbedingter Gehorsam geschuldet war. Das wohl auch gerade bei der Taufe laut werdende Bekenntnis der frühen Christen:

„Herr ist Jesus Christus" wurde vom römischen Staat – nicht ganz zu Unrecht – als Infragestellung des Kaisers verstanden, obwohl sich die Christen politisch im Großen und Ganzen loyal verhielten. Die Folge: grausame Verfolgungswellen bis weit in das 4. Jahrhundert hinein.

Das ändert sich nun entscheidend mit dem Machtantritt des Kaisers Konstantin. Er entdeckt die Christen als nützliche Staatsbürger, die zudem mit ihrer monotheistischen Religion in einem Weltreich, das – nicht zuletzt wegen der vielen verschiedenen Religionen und Kulturen in den einzelnen Ländern – auseinanderzufallen droht, für eine gewisse Stabilität sorgen könnten. Die Legende sagt, dass Konstantin selbst sich habe taufen lassen. Jedenfalls wird nun mit einem Mal das Christentum, vorher verfolgt und geächtet, zur Staatsreligion erhoben. Christsein ist ab 321 nicht nur ein neues Recht, sondern nun sogar eine staatsbürgerliche Pflicht. Die Säuglingstaufe wird mehr und mehr zum Normalfall.

Das andere ist ein *theologischer* Faktor. Augustin erklärt die Taufe zu einem Sakrament, also zu einem selbstwirksamen Gnadenmittel, das dem Täufling unabhängig von seiner Einstellung die Gnade vermittelt und ihn zu einem Glied der Kirche macht. Hinzu kommt seine Erbsündenlehre, wonach der Mensch qua Geburt so in der Sünde gefangen ist, dass er ohne Gnade der ewigen Verdammnis preisgegeben ist – es sei denn: er würde getauft. Angesichts der hohen Kindersterblichkeit in der damaligen Zeit ist es dann nur logisch, dass der Termin der Taufe immer weiter zurückverlagert wird, meist bereits auf ein paar Tage nach der Geburt. Die Reformatoren gehen hier einen grundsätzlich anderen Weg. Die Taufe ist eine sichtbare Form der Verkündigung, in der – gerade an unmündigen Kindern – in besonderer Weise die „vorauseilende Gnade" Gottes gepredigt wird, die eben wie bei einem Kind nur empfangen werden kann. „Soll man auch kleine Kinder taufen?", fragt z. B. der Heidelberger Katechismus. Und seine Antwort: „Ja; denn auch sie gehören ebenso wie die Erwachsenen in den Bund Gottes und seine Gemeinde" (Frage 74).

Seither tun sich in der Evangelischen Kirche bis heute grundsätzlich zwei Linien auf. Die eine bewegt sich auf der Grundentscheidung der Reformatoren, wonach die Taufe nicht mehr ist als eine besondere Form der *Verkündigung*. Gerade an der Säuglingstaufe werde das Evangelium, das uns ohne alle Vorleistung zuteilwerde, besonders deutlich. Damit ist aber auch gleichzeitig gesagt, dass eine Säuglingstaufe eine besondere Verkündigungshandlung an der zur Taufe versammelten Gemeinde und nicht an dem Täufling darstellt, denn dieser, weil Säugling, kann ja von allem noch nichts verstehen.

Dieses Defizit versucht die Evangelische Kirche seit den Tagen der Reformation zum einen dadurch auszugleichen, dass Eltern und Paten bei der Taufe des Säuglings in die Pflicht genommen werden, „für die christliche Erziehung der Kinder zu sorgen", wie es etwa in der rheinischen Kirchenordnung heißt. Zum anderen verpflichtet sich die Gemeinde selbst, dem Kind eine ihm angemessene Glaubensunterweisung zukommen zu lassen, etwa im Kindergarten, im Kindergottesdienst, in der Jugendarbeit und vor allem im Kirchlichen Unterricht. Die abschließende Konfirmation („Bestätigung") stellt nach diesem Modell dann ein sozusagen „nachgeholtes" Ja des Täuflings dar, das bei der Taufe stellvertretend für ihn Eltern und Paten gesagt haben. Diese Tauflinie, die vor allem in den volkkirchlich geprägten Landeskirchen anzutreffen ist, macht das reformatorische „allein aus *Gnade*" besonders stark. Sie hat aber die Schwäche an sich, dass die Eigenentscheidung des Täuflings zunächst völlig fehlt und deshalb später eigens nachgeholt werden muss.

Die andere Tauflinie, die vor allem in den freikirchlichen Gemeinden anzutreffen ist, macht das reformatorische „allein aus *Glauben*" besonders stark, indem sie mehr den *Bekenntnischarakter* der Taufe betont. Da man ein Bekenntnis aber weder von einem Säugling noch von einem Kleinkind erwarten kann, kommt hier folgerichtig die Erwachsenentaufe oder genauer: die *Mündigentaufe* in den Blick. Dabei gehen die Meinungen, wann nun ein Mensch in Sachen des Glaubens wirklich mündig ist, noch einmal auseinander. In der Regel wird hier vom Jugendlichenalter an aufwärts getauft. Die Mündigentaufe scheint der Einstellung von Eltern, die ihr Kind nicht taufen lassen, weil es einmal „selbst entscheiden" soll, entgegenzukommen. Sie meint aber nicht, dass man den Dingen in liberalistischer Weise ihren Lauf lässt, sondern sie nimmt Eltern und Gemeinde umso mehr in die Pflicht einer kindlichen Unterweisung im Glauben.

Aber auch diese Linie hat ihre deutlichen Schwächen. Durch die starke Betonung der Eigenentscheidung des Täuflings für Jesus Christus kann nämlich das Evangelium auch wieder verdunkelt werden. So als käme alles auf meine Entscheidung, womöglich auf meine Bekehrung und am Ende gar auf meine Frömmigkeit an. Das Evangelium sagt es aber genau umgekehrt, nämlich dass sich Jesus Christus schon längst für mich entschieden *hat*. Die Mündigentaufe ist also nur vertretbar, wenn sie nicht mehr sein will als ein ganz kleines, antwortendes Ja auf jenes große zuvor von Gott gesprochene Ja zu mir, an dem meine Taufe oder Nichttaufe rein gar nichts ändert.

Ob man nun mehr dieser oder mehr jener Tauflinie zuneigt, entscheidend bleibt für das evangelische Taufverständnis in jedem Fall:

1. Die Taufe ist nicht mehr als ein *Zeichen* und kein selbstwirksames Gnadenmittel. Sie bezeugt auf hör- *und* sichtbare Weise sowohl den Kern des Evangeliums als auch den Ernst des Bekenntnisses zu Jesus Christus.

2. Deshalb ist die immer noch begegnende Meinung, die Taufe könne so eine Art *Versicherung* sein – sei's wie damals bei Augustin gegen die ewige Verdammnis, sei's wie heute gegen die Unbill des Lebens –, als unbiblisch *abzulehnen*. Taufe ist keine Magie.

3. Die Taufe – ob Säuglings- oder Erwachsenentaufe – bedarf in jedem Fall der *Unterweisung im Glauben*. Diese hat sich natürlich immer an den Möglichkeiten des Täuflings zu orientieren. Manchmal kann man auch nur mit einer schlichten Handauflegung einem, vor allem: kleinen Menschen deutlich machen, was es heißt, zu Jesus Christus zu gehören.

4. Da die Taufe nicht nur die Zugehörigkeit zu Jesus Christus verdeutlicht, sondern auch die Zugehörigkeit zur *Gemeinde*, also auch die Mitgliedschaft in der Kirche begründet, gehört sie unbedingt in den öffentlichen gemeindlichen Gottesdienst. Ausnahmen von dieser Regel, etwa die sogenannte „Nottaufe", müssen schon eigens seelsorgerlich begründet sein.

5. Bei aller Betonung des Gemeindlichen muss deutlich werden, dass die Kirche noch etwas anderes ist als ein – sei's religiöser – Verein. Und dass demzufolge die freundliche Aufnahme in die Gemeinde noch einmal etwas anderes ist als das bloße Heimischwerden in einer neuen Umgebung, so wie das bei jeder

House-Warming-Party in einer Neubausiedlung üblich ist. Gemeinde ist ja – mit Paulus zu sprechen – der Ort, wo „weder Jude noch Grieche, weder Sklave noch Freier, weder Mann noch Frau" ist. Also der Ort, an dem es in heilsamer Weise *anders* zugehen darf als anderswo. Nicht zuletzt das könnte durch eine evangelische Taufe „besser verständlich" gemacht, wenn nicht gar am Ende auch in die Tat umgesetzt werden: „Wahrzeichen" und „Siegel" dafür, dass eine andere Welt möglich ist.

3. Abendmahl: Etwas für unterwegs

Messe in St. Marien. Ich sitze in der vorletzten Bank und versuche, so gut es geht, der Liturgie zu folgen. Nach welchem Kriterium jeweils aufgestanden, gekniet oder sitzen geblieben wird, entzieht sich meinem Durchblick. Aber egal, es sind genügend Kirchenbesucher vor mir, nach denen ich mich richten kann. Der Ablauf ist relativ flott, um nicht zu sagen: kurzweilig. Ein relativ rascher Wechsel von Gebeten, Lesungen, einzelnen Liedstrophen und kurzen Responsorien von Seiten der Gemeinde. Die Länge der Predigt ist für meine protestantischen Ohren etwas knapp geraten. Nun kommt es zur „Feier der heiligen Eucharistie", dem eigentlichen Zentrum des katholischen Gottesdienstes, wie ich mir habe sagen lassen. Unter Liedern und Gebeten werden die „Gaben" feierlich auf dem Altar zubereitet. Die biblischen Einsetzungsworte zum Abendmahl sind mir aus dem evangelischen Gottesdienst vertraut. Dass man diese offenbar sehr unterschiedlich verstehen kann, steht auf einem anderen Blatt. Bei der „Kommunion", der Austeilung von Brot und Kelch, fällt mir auf, dass nur das „Brot" – in Form einer Hostie – an die Gemeinde verteilt wird. Das geschieht wiederum erstaunlich zügig, indem sich eine lange Schlange bildet, wie ich sie etwa aus der Mensa an der Uni kenne. Bald darauf ist die Messe zu Ende.

Und das soll nun eine „vermaledeite Abgötterei" gewesen sein? So jedenfalls habe ich es seinerzeit im Konfirmandenunterricht mit Worten des Heidelberger Katechismus gelernt: „Und also ist die Messe im Grunde nichts anderes als eine Verleugnung des einzigen Opfers und Leidens Jesu Christi und eine vermaledeite Abgötterei" (Frage 80). Um das zu verstehen oder am Ende vielleicht auch nicht mehr so verstehen zu wollen, muss man für einen Moment die Zeit anhalten und sich in die Auseinandersetzungen der Reformationszeit zurückversetzen.

Wir blättern ein wenig in einer der frühen Schriften Martin Luthers: „Von der babylonischen Gefangenschaft der Kirche" von 1520. Die „babylonische Gefangenschaft" erinnert an ein schlimmes biblisches Ereignis. Im Alten Testament wird davon berichtet, dass das Volk Israel bzw. Teile davon mehrfach in die Fremde, nach Babylon, deportiert werden, um dort unter unwürdigen Verhältnissen zu leben: unfrei und entrechtet. Luther behauptet nun, dass nicht nur das alte Israel, sondern die *Kirche* seiner Zeit sich in einer „babylonischen Gefangenschaft" befindet. Und diese bestehe vor allem in der Gefangenschaft des Sakraments, genauer: des Abendmahls. Das Abendmahl – ein Gefangener? Starker Tobak. So wie wir es ja von Luther gewohnt sind. Doch worin besteht diese „Gefangenschaft" genau?

Sie besteht für Luther zum einen darin, dass das römische Abendmahl nicht „in beiderlei Gestalt", d. h. in Brot *und* Wein, an die Laien ausgeteilt wird. Dagegen gelte immer noch Christi Wort: „Trinket *alle* daraus!" Zum anderen darin, dass in der Eucharistie Brot und Wein in Leib und Blut Christ angeblich *„verwandelt"* würden (die sogenannte „Transsubstantiation"), wofür es keine hinreichende biblische Begründung gebe. Und schließlich darin, „dass heute in der Kirche fast nichts verbreiteter ist, fester geglaubt wird, als dass die Messe ein gutes Werk und ein *Opfer* ist". Vor allem an dieser „Gefangenschaft" hat sich dann später der Heidelberger Katechismus mit seinem harten Wort von der „vermaledeiten Abgötterei" gestoßen. Der Opfergedanke *verleugne* geradezu das „einzige Opfer und Leiden Jesu Christi". Mit solchen Verwerfungen war das Tischtuch zwischen den Reformatoren und der Römischen Kirche natürlich zunächst einmal zerschnitten. Wobei die Reformatoren immer wieder der Meinung waren, dass nicht sie, sondern ursächlich die Römische Kirche mit ihren Irrlehren die Gemeinschaft der Kirche aufgekündigt hätte.

Aber auch *innerhalb* der reformatorischen Bewegung kommt es schon bald zu unüberbrückbaren theologischen Differenzen in Sachen Abendmahl. Etwa beim sogenannten „Marburger Religionsgespräch" von 1529. Hier trifft sich Luther mit Ulrich Zwingli aus Zürich, einem der führenden Vertreter der Schweizer Reformation. In manchen Grundfragen ist man sich rasch einig. Nur beim Thema „Abendmahl" hakt es gewaltig zwischen den beiden. Dabei geht es nur um ein winziges Wörtchen, nämlich das Wörtchen „ist". Was sei gemeint, wenn Christus bei der Einsetzung des Abendmahls sage: „Das *ist* mein Leib, das *ist* mein Blut"? Luther ist der Überzeugung, dass „ist" wörtlich gemeint sei, Christus also „in, mit und unter" Brot und Wein *real*, ja geradezu leibhaftig präsent sei (die sogenannte „Konsubstantiation"). Zwingli dagegen ist anderer Meinung. Wenn Christus sage: „Das ist mein Leib, das ist mein Blut", dann sei das mehr *symbolisch* gemeint. Sinngemäß besage der Satz also: „Das *bedeutet* meinen Leib, das *bedeutet* mein Blut." Brot und Wein seien demnach nicht mehr als *Zeichen*, die an den Tod Jesu am Kreuz nur *erinnerten*. Die Legende sagt, dass diese Meinungsverschiedenheit so gravierend gewesen sei, dass Luther am Ende tatsächlich mit einem Messer das Tischtuch zerschnitten habe. Einige Zeit später vertrat dann der Genfer Reformator Johannes Calvin eine etwas gemäßigtere Linie als sein Zürcher Kollege. Danach sei

Christus im Vollzug des Abendmahls immerhin „im Geist" präsent (die sogenannte „Spiritualpräsenz") und insofern das Abendmahl mehr als eine bloße Erinnerung an das Kreuz.

Aus heutiger Sicht erscheint es kaum noch nachvollziehbar, weshalb ausgerechnet das Abendmahl zu einem derartigen theologischen Zankapfel werden konnte, dass nicht nur zwischen Katholiken und Protestanten, sondern auch innerhalb der Evangelischen Kirche lange so gut wie gar nichts mehr ging. Immerhin: Der innerprotestantische Streit um das rechte Verständnis des Abendmahls ist seit der sogenannten „Leuenberger Konkordie" von 1973 weitestgehend beigelegt. In der hier gefundenen Kompromissformel heißt es: „Wenn wir das Abendmahl feiern, verkündigen wir den Tod Christi, durch den Gott die Welt mit sich selbst versöhnt hat. Wir bekennen die Gegenwart des auferstandenen Herrn unter uns." Das Abendmahl als Verkündigungsgeschehen. Das ist immerhin gut reformatorisch.

Doch zwischen der Katholischen und der Evangelischen Kirche herrscht bis zum heutigen Tag, was die Abendmahlsgemeinschaft angeht, ein sozusagen „asymmetrisches" Verhältnis. Das priesterlich verwaltete „Gnadenmittel" Eucharistie scheint sich mit dem reformatorischen Verständnis des Abendmahls nicht zusammenzureimen. Zwar dürfen Katholiken aus evangelischer Sicht am evangelischen Abendmahl teilnehmen, nicht aber Evangelische aus katholischer Sicht an der katholischen Eucharistie. Das ist umso verwunderlicher, als sich das andere gemeinsame Sakrament, die Taufe, ja durchaus gegenseitiger kirchlicher Anerkennung erfreut. Und das, obwohl im theologischen Verständnis der Taufe mindestens ebenso gewichtige Unterschiede bestehen. Außenstehende mögen hier zu Recht fragen, ob die Christen denn sonst keine Probleme haben.

Die Frage bleibt, ob nicht auf der reformatorischen Grundlinie ein evangelisches Abendmahl denkbar ist, das sich nicht so sehr in Abgrenzung zum katholischen Verständnis ergeht, sondern vor allem sein eigenes, eben am Evangelium orientiertes Verständnis zur Geltung bringt, indem es dem wahrhaft „evangelischen" Wort Jesu nachkommt: „Kommt her zu mir alle, die ihr mühselig und beladen seid; ich will euch erquicken" (Matthäus 11,28). Die Wesensmerkmale eines solchen evangelischen Abendmahls könnten sein:

1. Es gilt die grundlegende Erkenntnis, dass im Abendmahl nicht die Kirche, sondern Jesus Christus der alleinige Gastgeber ist, der sagt: *„Ich* will euch erquicken."

2. Die Einladung zum Abendmahl gilt deshalb grundsätzlich *„allen*, die mühselig und beladen sind". Konfessionelle oder andere Grenzen sind im Abendmahl aufgehoben.

3. Deshalb sind auch beide Elemente, Brot *und* Kelch, an alle auszuteilen. „Trinket *alle* daraus!"

4. Als sichtbare und insofern besonders eindringliche Form der Verkündigung spricht das Abendmahl die im Kreuz Jesu Christi gestiftete Versöhnung jedem noch einmal persönlich und verbindlich als *Stärkung im Glauben* zu.

5. Gleichzeitig wird im Abendmahl aller in besonderer Weise sichtbar, dass eine andere Welt möglich ist, wo „weder Jude noch Grieche, weder Sklave noch Freier, weder Mann noch Frau" ist.

6. Damit ist das Abendmahl auch ein Ausdruck der *Vorfreude* auf die noch ausstehende endgültige Gemeinschaft, wo sie „kommen

werden von Osten und Westen, von Norden und Süden, die zu Tische sitzen werden im Reich Gottes" (Lukas 13,29).

7. Weil Menschen in einer „noch nicht erlösten Welt" (Barmen 5) *unterwegs* sind, deshalb wird das Abendmahl – im Unterschied zur Taufe – immer wieder wiederholt. Insofern kann man es auch als „Sakrament der *Wegzehrung*" (Eberhard Jüngel) bezeichnen.

8. Schließlich sollte man auch der *Praxis* eines evangelischen Abendmahls anmerken, dass es nichts anderes will, als das Evangelium auf seine Weise zu verkündigen. D. h., dass es bereits in der *Art und Weise* seiner Austeilung etwas Einladendes, Versöhnliches, Gemeinschaftliches, Hoffnungsvolles und nicht zuletzt Fröhliches ausstrahlt.

Elbufer Dresden. Sonntagvormittag. Abschlussgottesdienst beim Evangelischen Kirchentag. Die Sonne schüttet vom Himmel. Tausende von Menschen. Protestanten und Katholiken, Christen und Nichtchristen, Überzeugte und Suchende, Junge, Alte und Kinder. Ein buntes, fröhliches Gemisch aus Gesichtern, Tüchern und Dialekten. Neben mir eine ältere Dame, von der ich gerade mal weiß, dass sie aus Königswusterhausen kommt – wo auch immer das liegen mag. Nun reicht sie mir einen Becher aus Ton. „Christi Blut, für dich vergossen". Für einen Moment blicken wir uns in die Augen. In der großen Menschenmenge ist es ganz still. Irgendwann beginnt der Chor vorne mit einem einfachen Danklied. Nach und nach fallen wir ein und reichen uns die Hände. Abendmahl kann so einfach sein.

III. Kirchenmusik – der große Bluff?

1. Fast eine Musikschule

Während des Orgelvorspiels, für das sich unser Organist heute etwas Zeit nimmt, geht mein Blick nach vorne. Links und rechts vom Altarraum hängen zwei sogenannte „Liedtafeln": Zahlen, die auf die jeweiligen Choräle im Evangelischen Gesangbuch verweisen. Heute sind es fünf. Dazu die Angabe der einzelnen Strophen: 1–3+5+7 oder so. Es dürfen auch gerne mal ein bisschen mehr sein. Ja, im evangelischen Gottesdienst wird viel und manchmal auch lange gesungen. Zudem werden wir nach dem Segen am Schluss des Gottesdienstes aufgefordert, uns noch einmal zu setzen und dem Orgelnachspiel zuzuhören. Ich erinnere mich an meinen Großonkel Hubert. Der hatte immer gesagt, er ginge gerne in den evangelischen Gottesdienst. Selbst wenn die Predigt nichts tauge, habe man ja immer noch die Musik.

Das war letzte Woche, als ich in der katholischen Messe war, ein wenig anders. Sicher, es wurde auch nicht wenig gesungen. Aber es waren meist nur ein oder zwei Strophen, dazu eine Unmenge an kurzen liturgischen Wechselgesängen, inszeniert vom Kantor auf der Orgelbank: Gloria, Kyrie, Halleluja und was weiß ich noch alles. Und wo ich noch so dachte: Man kann ja gegen den katholischen Gottesdienst mancherlei Einwände haben. Mangelnde Kurzweiligkeit kann man ihm jedenfalls nicht vorwerfen.

Zu Hause blättere ich in unserem Gemeindebrief. Die Rubrik „Kirchenmusik" kommt gerade so eben mit einer Seite aus. Montag, 20 Uhr, Kantorei. Dienstag, 16 Uhr, Kindersinggruppe. Mittwoch, 19.30 Uhr, „Gospeltrain". Donnerstag, 18 Uhr, Posaunenchor. Freitag, 19 Uhr, Flötenkreis. Samstag, 15 Uhr, „Dat Chörchen" für junggebliebene Senioren. 18.30 Uhr Jugendband „rock & soul" für alle, die „Spaß an fetzigen Liedern" haben. Und kommenden Sonntag, 17 Uhr in der Kirche: Offenes Adventsliedersingen. Man hat fast den Eindruck, als unterhielte unsere Gemeinde eine eigene Musikschule. „Wir sind eine singende und musizierende Gemeinde", verkündet unsere Pfarrerin nicht ohne Stolz bei der letzten Gemeindeversammlung. Das mag so sein. Aber warum sind wir es? Könnten wir nicht genauso gut eine malende, eine kochende, eine wandernde oder eine Theater spielende Gemeinde sein? Gibt es eine besondere Affinität der Evangelischen Kirche zur Musik?

2. Das Geheimnis der Musik

„Vor allen Freuden auf Erden
Kann niemand keine feiner werden,
Denn die ich geb mit meim Singen
Und mit manchem süßen Klingen.

Hie kann nicht sein ein böser Mut,
Wo da singen Gesellen gut,
Hie bleibt kein Zorn, Zank, Haß noch Neid,
Weichen muß alles Herzeleid;
Geiz, Sorg und was sonst hart anleit,
Fährt hin mit aller Traurigkeit."

In seinem Gedicht „Frau Musika" beschreibt Martin Luther das besondere Geheimnis der Musik. Es ist schlicht die *Freude*. Wer musiziert – flötend oder klampfend, orgelnd oder singend –, tut das grundsätzlich *gerne*. Freudloses Singen, lustloses Tastenquälen – ein Widerspruch in sich. Als meine Eltern mich als Kind nach zwei vergeblichen Jahren vom Klavierunterricht befreiten, folgten sie genau dieser Logik: Es machte mir – jedenfalls damals – einfach keinen Spaß. Jede weitere, erzwungene Übungsstunde hätte dem, was für die Musik wesentlich ist, nicht entsprochen.

Dass das Geheimnis der Musik die Freude ist, heißt allerdings noch lange nicht, dass Musik immer nur fröhlich, ausgelassen und heiter sein muss. In manch einer ernsten Musik schlummert ja ein tiefer Trost. In manch einem schwermütigen Lied begegnet uns ja eine gute, tragende Botschaft. Und wenn es nur die ist, dass hier unseren Gefühlen Ausdruck verliehen wird. Dass wir uns etwa mit unserer Trauer in gewisser Weise „verstanden" und aufgehoben fühlen. Es bleibt also auch hier, also bei einer Musik in Moll, dabei: Musik und Freude gehören zusammen. Sofern man Freude nicht gleich mit guter Laune und „Heute hau'n wir auf die Pauke" verwechselt.

Die Tatsache, dass Musik grundsätzlich Freude macht, macht sie aber auch anfällig. Anfällig für Instrumentalisierung und Missbrauch. Die Schlägertrupps der SA haben schließlich auch Lieder gesungen, aber in welcher Irreleitung! Lieder als Propaganda, als Volksverhetzung, als Ablenkungsmanöver, als Verharmlosung und zynische Verdrehung der Tatsachen. „Davon geht die Welt nicht unter", sang Zarah Leander 1942 – unmittelbar nach den ersten Flächenbombardements auf deutsche Städte. Dass Musik auch dem Unrecht dienen kann, ist tausendfach Geschichte geworden. In Guantanamo wurde mit Popsongs von Britney Spears gefoltert. Die der Musik innewohnende Freude verkehrt ins diabolische Wohlgefallen am Bösen. Insofern müssen wir Luther widersprechen, wenn er in seinem Loblied auf „Frau Musika" fortfährt:

> „Auch ist ein jeder des wohl frei,
> Daß solche Freud kein Sünde sei,
> Sondern auch Gott viel bass gefällt
> Denn alle Freud der ganzen Welt.
> Dem Teufel sie sein Werk zerstört
> Und verhindert viel böser Mörd."

Nein, hier irrte Luther gewaltig. Es ist eben nicht so, dass man sich immer und überall, „wo man singt" – wie der Volksmund sagt –, „ruhig niederlassen" kann. „Böse Menschen" haben – leider – eben *auch* Lieder. *Missbrauchte* Musik. Das ändert nichts daran, dass ihr Wesen, ihr Geheimnis, die Freude bleibt. In Dur und Moll.

3. Kein Selbstzweck

Vielleicht ist das der Grund dafür, weshalb uns auch in der *Bibel* die Musik auf Schritt und Tritt begegnet. Zu nennen sind hier vor allem die Psalmen. Dass diese nicht bloß – zu lesende oder zu sprechende – Texte sind, wird bereits daran deutlich, dass in ihren Überschriften gelegentlich die Formulierung „vorzusingen nach der Weise" auftaucht. Und dann folgt die Erwähnung von – uns allerdings nicht mehr zugänglichen – Melodien, etwa: „Schöne Jugend" (Psalm 9), „Lilien" (Psalm 45), „Jungfrauen" (Psalm 46) oder „Die Hirschkuh, die früh gejagt wird" (Psalm 22), mitunter ergänzt durch einen Hinweis auf ein Begleitinstrument, etwa „auf acht Saiten" (Psalm 12). Über die konkrete Weise des Singens in biblischer Zeit können wir heute nur noch Mutmaßungen anstellen. Möglicherweise war es eine Vorform des späteren mittelalterlichen Psalmodierens, also eine Art Sprechgesang.

Das Evangelium, die *frohe* Botschaft, scheint geradezu nach einem bereits in sich fröhlichen Medium, eben der Musik, zu verlangen. Mirjam greift zum Tamburin (2. Mose 15), David zur Harfe (1. Samuel 16). Und der 150. Psalm scheint geradezu eine Art „Panikorchester" aufzubieten: Posaunen, Psalter (wohl eine Art Leier), Harfen, Pauken, Saiten, Pfeifen, dazu „helle" und „klingende" Zimbeln. Auffallend häufig wird auch *gesungen*. Mose und Mirjam besingen die Rettung aus dem Schilfmeer (2. Mose 15). Debora und Barak stimmen ein Siegeslied an (Richter 5), Hanna ein Loblied (1. Samuel 2), Jesaja ein „Weinberglied" (Jesaja 5) und Jeremia ein langes Klagelied (Klagelieder Jeremias). Später tun es ihnen Maria (Lukas 1), Zacharias (Lukas 1), Simeon (Lukas 2), Paulus und Silas im Gefängnis (Apostelgeschichte 16) und manch andere nach. Nicht zu vergessen die beiden unbekannten Verliebten, die sich gegenseitig überschwängliche Liebeslieder zusingen (Hohelied Salomos). Ob all diese Menschen mit ihrem Singen gleich „doppelt beten", wie einst der Kirchenvater Augustin behauptet hat, sei dahingestellt. Jedenfalls tun sie es offensichtlich nicht aus Griesgram oder zu ihrem Missvergnügen. Aber warum denn?

Wenn man genauer hinsieht, merkt man rasch, dass das Musizieren in der Bibel immer einen bestimmten *Grund* hat. Niemand singt oder spielt dort aus einer bloßen Laune heraus. Dieser Grund hat – um es kurz zu machen – immer etwas mit *Gott* zu tun. *Seine* Befreiungstat aus der Knechtschaft wird reichlich besungen. *Seine* Gegenwart ist es, die David tanzen, singen und spielen lässt. Andere – wie etwa Hanna oder manche Psalmisten – loben Gott singend für ihre Errettung aus unterschiedlichsten persönlichen Notlagen: Kinderlosigkeit, Krankheit, üble Nachrede, Benachteiligung im

Gericht, Hunger, Seenot, Todesgefahr. *Sein* österlicher Sieg über Sünde und Tod ist es, der Paulus veranlasst, die Gemeinde aufzufordern: „Ermuntert einander mit Psalmen und Lobgesängen und geistlichen Liedern, singt und spielt dem Herrn in eurem Herzen" (Epheser 5,19). Selbst die beiden selbstvergessenen Verliebten aus dem Hohelied Salomos erinnern sich singend daran, dass ihre Leidenschaft immerhin „eine Flamme des Herrn" (8,6) ist. Obschon in vielfachen Melodien gesungen und auf den unterschiedlichsten Instrumenten gespielt, so hat die Musik in der Bibel offensichtlich doch nur einen einzigen Grund: Allein Gott die Ehre. „Soli Deo Gloria" – wie es später Johann Sebastian Bach als Motto über sein gesamtes monumentales Kompositionswerk gesetzt hat.

Bereits diese kleine Übersicht lässt deutlich werden, dass es für eine religiöse Überhöhung der Musik gar keinen biblischen Anhalt gibt. In der Bibel ist Musik *kein Selbstzweck*. Wenn dort musiziert wird, dann so, dass eine geschöpfliche Möglichkeit zu Gottes Lob in *Dienst* genommen wird: „Alles, was Odem hat, lobe den Herrn!" (Psalm 150,6). Das ist etwas anderes. Nirgendwo finden wir ein Loblied auf das Singen als solches. Nirgendwo wird auch die der Musik nun einmal innewohnende Freude zu einem „schönen Götterfunken", gar zu einer „Tochter aus Elysium" (Friedrich Schiller) hochgejubelt. Nirgendwo wird der Musik eine Quasi-Göttlichkeit angedichtet. Für die Bibel bleibt die Musik stets eine durch und durch *menschliche* Möglichkeit – zur Ehre Gottes. „Soli Deo Gloria" – das, *nur* das, macht das Musizieren zu einer Äußerung des Glaubens.

Dass der Musik als solcher keine „höhere", religiöse Qualität zukommt, wird u. a. an der berühmten Kultkritik der Propheten deutlich. Amos etwa verurteilt den falschen Gottesdienst, der die menschliche Not ignoriert und das soziale Unrecht bemäntelt, mit scharfen Worten: „Tu weg von mir das Geplärr deiner Lieder, denn ich mag dein Harfenspiel nicht hören" (Am 5,21-23). Musik, selbst eine vermeintlich noch so geistliche, ist als solche noch lange kein gottwohlgefälliges Werk. Dass auch ein frommes Lied schuldhaft verschleiern, ablenken, verharmlosen und die Wahrheit in zynische Lüge verkehren kann, ist inzwischen tausendfach Geschichte geworden. Mit „Nun danket alle Gott" auf den Lippen sind immerhin nicht wenige in den Krieg gezogen.

Gott *allein* die Ehre. Insofern hat Martin Luther nun doch wieder recht, wenn er seine „Frau Musika" mit den Worten schließen lässt:

> „Die beste Zeit im Jahr ist mein,
> Da singen alle Vögelein,
> Himmel und Erden ist der voll,
> Viel gut Gesang, der lautet wohl.
>
> Voran die liebe Nachtigall
> Macht alles fröhlich überall
> Mit ihrem lieblichen Gesang,
> Des muß sie haben immer Dank,
>
> Viel mehr der liebe Herre Gott,
> Der sie also geschaffen hat,
> Zu sein die rechte Sängerin,
> Der Musika ein Meisterin.
>
> Dem singt und springt sie Tag und Nacht,
> Seins Lobes sie nichts müde macht,
> Den ehrt und lobt auch mein Gesang
> Und sagt ihm einen ewgen Dank."

4. Fragen, die erlaubt sein müssen

Gott allein die Ehre. Die biblische Bestimmung der Musik mag nun allerdings auch ein paar *Fragen* aufwerfen, die wir nicht übergehen wollen. Wie gehen wir eigentlich auf Dauer damit um, dass Menschen nicht selten einzig des schönen oder feierlichen Orgelspiels wegen in den Gottesdienst kommen? Dass in Kirchenchören vielerorts Menschen mitmachen, die zu den Inhalten der dort gesungenen Kantaten, Oratorien und Passionen zugegebenermaßen gar keine Beziehung haben? Dass an den amerikanischen Spirituals offensichtlich mehr das ausgelassene Lebensgefühl als die jeweilige Botschaft genossen wird? Dass alternative Jugendgottesdienste nicht selten ihre eigentliche Attraktivität vor allem aus der fetzigen Musik beziehen? Kantoreien und Gospelchöre, Flötenkreise und christliche Rockbands werben häufig damit, dass es halt „Spaß macht". Als sei Spaß als solcher schon so eine Art Evangelium. Aber auch der Besuch einer städtischen Musikschule kann Spaß machen. Genauso wie das Turnen im Sportverein oder ein Italienischkurs in der Volkshochschule.

Nun mag man einwenden, dass die Musik – gerade wegen ihrer großen Erfreulichkeit – doch immerhin Menschen, zumal sogenannte „Außenstehende", erst einmal erreicht. Das mag sein. Und ist in einer Zeit zunehmender Säkularisierung sicher ein gewichtiges Argument. Aber was ist, wenn es bei solch einem Spaßfaktor auf Dauer sein Bewenden hat? Was ist, wenn sich Menschen in evangelischen Gemeinden auf Dauer nur um der dort gepflegten Kultur des Musizierens und vielleicht noch der dazugehörigen Geselligkeit willen einfinden? Welchen Sinn sollen kirchliche Orgelkonzerte und Gitarrengruppen, Gospelworkshops und Offene Singnachmittage haben, wenn der eigentliche Grund für das Musizieren auf Dauer notorisch verschwiegen wird? Gerne rühmt sich die Evangelische Kirche – durchaus auch unter öffentlichem Applaus –, ihrer kulturellen, zumal musikalischen Leistungen, während das Evangelium schamhaft in irgendwelche frommen Nischen wegsortiert wird. Kirchenmusik also nichts anderes als ein großer Bluff? Wo man zuvor mit großem Aufwand für das „Spaß-Haben" am Singen geworben hat und irgendwann kleinlaut zugeben muss, dass es in der Matthäuspassion doch noch um etwas anderes geht? Doch solch eine Verdrehung der Prioritäten ist weder mit Mirjam oder Hanna, noch mit David, Maria oder Paulus zu machen.

Evangelische Kirchenmusik ist nicht schlecht beraten, wenn sie sich immer wieder ihrer ursprünglichen biblischen Bestimmung erinnert: Soli deo gloria. Deshalb behalten die gelegentlich erhobenen „reformierten" Warnungen vor einem Ausufern der Musik in der Kirche und die Mahnungen zur biblischen Schlichtheit des gemeindlichen Gesangs ihre Berechtigung. Der Ruf des Amos, „das Geplärr deiner Lieder wegzutun", bleibt ja ein notwendiger Stachel. Dennoch kann die Perspektive nicht sein, die evangelische Kirchenmusik damit ihres eigentlichen Grundes, nämlich der Freude am Evangelium, zu berauben. „Soli deo gloria" heißt ja nicht zuletzt: „Soli deo *gloria*"! Wenn es um die Ehre Gottes geht, dann kann es doch gar nicht vielstimmig, fröhlich und ausgelassen genug zugehen. Und insofern ist die Freudlosigkeit, mit der gerade in manchen evangelischen Gottesdiensten die Verse 1–3+5+7 einfach „runtergesungen" werden, bereits eine schallende Ohrfeige für das Evangelium.

Doch wer hindert eigentlich eine evangelische Gemeinde daran, *mit* ihren verschiedenen musikalischen Möglichkeiten – von Orgel bis Keyboard, von Blockflöte bis E-Gitarre, von Madrigal bis Gospel, von Paul-Gerhardt-Choral bis „Gras-und-Ufer"-Schnulze – ein vielstimmiges, fröhliches Zeugnis zu geben von dem, was sie vom

Evangelium her in aller Deutlichkeit zu *sagen* hat? Wenn klar wird, worum es *inhaltlich* geht, muss man in der Wahl der Instrumente nicht zimperlich sein. Der 150. Psalm mit seinem „Panikorchester" ist es ja auch nicht gerade.

V. Den Mund aufmachen

1. Zwischen Missionssonntag und „Mission Impossible"

„Kirche ist Mission und sonst gar nichts." Noch heute habe ich die donnernden Worte eines meiner theologischen Lehrer im Ohr. Niemand im Hörsaal muckte auf. Warum auch? Wir befanden uns schließlich im frommen Wuppertal. Ganz in Steinwurfweite zum Hauptsitz der „Rheinischen Mission".

Und dann kamen auch gleich die Erinnerungen hoch. Etwa der berühmte „Nickneger" früher im Kindergottesdienst. Der saß als handgroße Figur auf einem kleinen Hügel mit einem Schlapphut auf den Knien. In den hinein konnten wir unseren allsonntäglichen Groschen stecken, den Mutter uns mitgegeben hatte. Für jeden Einwurf bedankte sich der „Neger" mit einem geheimnisvollen Kopfnicken. „Gedenket der Heidenmission" war auf dem kleinen Hügel noch zu lesen. „Das ist für die armen Kinder in Afrika", hieß es dann und wann von der Helferin. „Damit sie etwas zu essen haben und ihnen das Evangelium verkündigt werden kann." Ach ja, seitlich waren auch noch eine Bibel und eine Schiefertafel zu sehen. Wenn wir ein Lied gelernt hatten, gab es manchmal als Belohnung auch noch ein kleines Missionsbildchen: dunkelhäutige Kinder aus Borneo, Sumatra oder Ovamboland, wo auch immer das liegen mochte.

Ganz selbstverständlich seinerzeit auch die „Missionssonntage". Hier kamen gelegentlich waschechte Missionare in unser Dorf, um uns mit spannenden Geschichten aus dem „Busch" in Atem zu halten. Manchmal sogar mit Hilfe von ein paar schwarz-weißen Lichtbildern, die uns etwas von einer fernen, dunklen Welt ahnen ließen. Wie sich da tapfere Männer und Frauen auf den Weg gemacht hatten, um das befreiende Evangelium unter den bedauernswerten Heiden zu verbreiten. „Gedenket der Heidenmission." Ja, wir gedachten eifrig – mit spannenden Geschichten aus dem „Busch", mit schwarz-weißen Lichtbildern, mit donnernden Predigten, mit zu Herz und Gewissen gehenden Gebeten und dem ein oder anderen Groschen für den „Nickneger". Einmal verirrte sich bei solch einer Gelegenheit auch eine kleine kichernde Gruppe indonesischer Mädchen zu uns – Gott weiß, wie sie in unser Nest gekommen sein mochten. Immerhin zauberte sie uns eine völlig ungewohnte „indonesische Reistafel" auf den Mittagstisch. Gebratene Bananen und Curry-Gemüse in der rheinischen Provinz. Es mag schlechtere Erinnerungen an Mission geben.

Inzwischen habe allerdings auch ich mitbekommen, dass allein das Wort „Mission" nicht überall einen besonders guten Ruf hat. Mission – das klingt doch nach Bedrängung, nach Überrumpelung, nach religiöser Nötigung, nach Zwangsbekehrung, nach kultureller Entfremdung. Sind wir nicht schon genervt, wenn Vertreter der Zeugen Jehovas oder der Mormonen an unserer Haustür schellen oder uns auf der Straße ansprechen? Ist es nicht mindestens peinlich, wenn wir sehen, wie Menschen in Namibia deutsche Choräle von Paul Gerhardt auf importierten Posaunen blasen? Von den sattsam bekannten Zwangsbekehrungen der Germanen durch Karl den Großen oder den blutigen, vermeintlich christlich legitimierten Untaten an den Ureinwohnern Amerikas ganz zu schweigen? Nein, schon das bloße Wort „Mission" hat gegenwärtig keinen besonders guten Ruf. „Bloß keine Mission!" ruft die ältere Dame aus der vorletzten Reihe entrüstet in die Runde und erntet zustimmendes Gemurmel ringsum. Wir befinden uns in einem Gesprächsabend der Christlich-Jüdischen Gesellschaft. Heute geht es um grundsätzliche Möglichkeiten und Schwierigkeiten eines Dialogs zwischen diesen beiden Religionen. „Bloß keine Mission!" Es scheint, als sei das Wort wie von der Pest befallen.

Umso verwunderlicher, dass wir in *anderen* Zusammenhängen ganz unbefangen, positiv und durchaus offensiv von „Mission" sprechen. Es gibt doch kaum noch ein Autohaus, kaum noch eine günstige Kreditbank, kaum noch eine Umweltorganisation, die nicht meint, irgendeine „Mission" zu haben. In sogenannten „Mission Statements" werden Sinn und Zweck der Unternehmen, ihrer Produkte und Ziele in knappen Worten auf den Punkt gebracht. „Unsere Mission", verkündet ein Schweizer Pharmakonzern, ist „Leben zu verlängern, Leiden zu lindern und die Lebensqualität von Menschen nachhaltig zu verbessern." Das hört sich nicht gerade nach Pest an. Und auch beim Hollywood-Film „Mission: Impossible" haben sich am *Wort* „Mission" wohl die wenigstens gestört. Merkwürdig: So sehr wir uns mit vehementer Empörung gegen jedwede Mission von religiöser Seite verwahren, so sehr lassen wir uns die vielen „Missionen" der Body-Lotion-Hersteller, Unternehmensberater oder Weingummiproduzenten ohne Aufbegehren gerne gefallen.

Hat die Kirche auch eine „Mission"? Oder wenigstens ein „Mission Statement"? Oder ist sie gar „Mission und sonst gar nichts"?

2. „Ich glaube, darum rede ich"

Wenn wir uns in dieser Sache in der Bibel orientieren wollen, so müssen wir zunächst einmal ernüchtert feststellen, dass das Wort

„Mission" dort gar nicht vorkommt. Auch die letzten Worte Jesu am Ende des Matthäusevangeliums stellen bei Licht besehen nur einen *sogenannten* „Missionsbefehl" dar: „Gehet hin und machet zu Jüngern alle Völker: Taufet sie auf den Namen des Vaters und des Sohnes und des Heiligen Geistes und lehret sie halten alles, was ich euch befohlen habe" (Matthäus 28,19f). Oder in den knapperen Worten des Markusevangeliums: „Gehet hin in alle Welt und predigt das Evangelium aller Kreatur" (Markus 16,15). Das griechische Wort im Urtext, das Luther mit „zu Jüngern machen" übersetzt, heißt wörtlich „zum Schüler machen", also *unterrichten*. Das entspricht dem nachfolgenden *„lehret"*. Es ist also zunächst einmal nur gesagt, dass die Jünger das, was sie von Jesus gesagt bekommen haben, *weitergeben* sollen. Wer in die Nachfolge Christi tritt, hat den Mund aufzumachen.

„Ich glaube, darum rede ich" (2. Korinther 4,13), heißt es bei Paulus. Bereits in den Psalmen des Alten Testaments berichten die Beter immer wieder davon, wie es sie geradezu danach drängt, das, was sie durch Gott erfahren haben, anderen mitzuteilen. Ob das z. B. die Rettung aus einer Gefangenschaft, einer Krankheit, einer Seenot oder eine andere Wundertat Gottes ist, sie sollen und möchten unbedingt „seine Werke mit Freuden erzählen" (Psalm 107,22) und Gott „in der Gemeinde preisen und bei den Alten rühmen" (32). So sehr etwa das persönliche Gebet seinen Ort im Verborgenen, im „Kämmerlein" hat, so sehr will das, „was er dir Gutes getan hat" (Psalm 103,2) – jedenfalls bei den biblischen Zeugen –, heraus an die Öffentlichkeit.

Das ist im Grunde nicht anders als sonst im Leben auch. Wo man etwas Gutes erfahren hat, da will, ja „muss" man es unbedingt irgendwie loswerden. Wenn ich z. B. – was selten genug vorkam – einmal eine 2 in Latein mit nach Hause brachte, sprudelte es in der Regel schon an der Haustür aus mir heraus: „Ma, stell dir vor ...". Gerne wurde dann auch noch am selben Tag ein stolzer Brief an die Großmutter geschrieben. Es ist wahr: „Wes das Herz voll ist, des geht der Mund über" (Matthäus 12,24). Warum sollte das nun nicht auch für den Glauben und seine Erfahrungen zutreffen? „Wir können's ja nicht lassen", sagen etwa die beiden Apostel Petrus und Johannes vor dem Hohen Rat, „von dem zu reden, was wir gesehen und gehört haben" (Apostelgeschichte 4,20). Oder mit einem schönen Wort von Fulbert Steffensky: „Mission heißt: zeigen, was man liebt." Das ist der Kern. Von so etwas wie Bedrängung, wie religiöse Nötigung oder gar Zwangsbekehrung ist dabei weit und breit nichts zu erkennen.

Die heutigen „Missionsgesellschaften" haben daraus längst die Konsequenz gezogen, ihr Gegenüber nicht mehr – wie häufig in früheren Zeiten – als Objekt einer Bekehrungsstrategie zu betrachten. Vielmehr begegnen sich hier Christen verschiedener Länder und Kontinente als Partner auf Augenhöhe. Mission kann eigentlich grundsätzlich nur *dialogisch* geschehen, indem man gemeinsam erarbeitet, was das Evangelium heute für alle Beteiligten bedeuten mag. Man zeigt sich sozusagen gegenseitig, „was man liebt". Nicht selten empfinden dabei Menschen aus den sogenannten „Entwicklungsländern" die kümmerliche Glaubenslage in unseren Breitengraden als neues „Missionsgebiet". Wer weiß, vielleicht steht demnächst in irgendeinem Kindergottesdienst in Tansania oder auf Sumatra ein „Nick-Europäer" und bittet darum, der „Heidenmission" in Hamburg-Fuhlsbüttel oder Duisburg-Wanheim zu gedenken.

Der erwähnte „Missionsbefehl" Jesu enthält gleichzeitig auch den „*Tauf*befehl" („gehet hin" und „taufet sie"). Lange Zeit ist auch dieser als ein Auftrag zur offensiven, wenn nicht gar aggressiven Ausbreitung des Christentums missverstanden worden und schien damit nicht selten eine „passende" ideologische Legitimation von politisch und wirtschaftlich motivierten Kolonisationsinteressen. Hatte nicht Jesus selbst mit seinem Taufbefehl von der *ganzen* Welt („alle Völker" bzw. „alle Kreatur") gesprochen? Doch die Taufe hat nach biblischem Verständnis gar nicht das Ziel, den kirchlichen Besitzstand zu sichern oder gar zu mehren. Sie ist schlicht eine besondere Form der Verkündigung. Die gilt allerdings *aller* Welt. So wie bereits der weihnachtliche Engel die „große Freude" verkündet, „die „*allem* Volk widerfahren wird" (Lukas 2,10). Ja, wie soll die große Freude allem Volk widerfahren, wenn niemand drüber redet?

Aber „alle Welt" ist nicht nur Tansania oder Borneo. „Alle Welt" sind ja auch die Menschen meiner unmittelbaren Umgebung: meine Familie, meine Freundinnen und Freunde, meine Nachbarn, Arbeitskolleginnen und Mitschüler. Vielleicht fängt Mission, also „zeigen, was man liebt", hier an. Ich verschweige meinen Mitmenschen ja auch sonst nicht, was ich liebe: meinen Lieblingstatort aus Münster, den letzten Wanderurlaub in der Steiermark, die ultimative „Pizza Quattro Stagioni" beim Italiener am Bahnhof. Man kann über Mission manch großes Wort verlieren. Man kann auf die imponierende und manchmal auch nicht so imponierende Geschichte der Mission verweisen. Man kann Missionsfeste, Zeltmissionen, Evangelisationen und Gospel-Events veranstalten, Dinge, die manchen anziehen, manchen aber auch abschrecken. Aber ihren *Anfang* nimmt Mission nicht in der Ferne und nicht bei den großen Gesten. Ihren Anfang nimmt sie an den alltäglichen Orten *meines* Lebens: am Küchentisch, im Büro, auf dem Schulhof, in der Kneipe, am Gartenzaun.

3. Mission am Gartenzaun

Herr Heinrichs hat neue Nachbarn bekommen. Es ist die Familie Pfeifer. Bereits am ersten Tag kommt es zu einer kleinen Begegnung am Gartenzaun. Das Gespräch dreht sich zunächst um die äußeren, in diesem Fall beruflichen Hintergründe des Wohnungswechsels von Familie Pfeifer. Herr Pfeifer ist im kaufmännischen Bereich tätig und macht rasch den Eindruck, mit beiden Beinen auf der Erde zu stehen. Frau Pfeifer berichtet, dass sie zur Zeit mit einer Halbtagsstelle als Arzthelferin etwas hinzuverdient. „Der Umzug, das neue Haus, Sie verstehen. Außerdem will man ja auch noch Urlaub machen." Das gibt Herrn Heinrichs das Stichwort. „Warten Sie, da habe ich vielleicht etwas für Sie." Für kurze Zeit verschwindet er im Haus und ist bald wieder mit dem Gemeindebrief seiner Gemeinde zurück. „Hier, diese Jugendfreizeit in Südschweden, wäre das nichts für Ihre Tochter? Das dortige Heim hat eine Menge, gerade für junge Menschen attraktive Ausstattungen. Außerdem versucht unsere Gemeinde, mit Hilfe von Zuschüssen den Teilnehmerbeitrag auch einigermaßen sozial verträglich zu gestalten." Die Pfeifers zeigen sich interessiert. „Wir gucken uns das mal in Ruhe durch."

Später im Wohnzimmer, als Herr Heinrichs noch einmal über das Gespräch am Gartenzaun nachdenkt, fällt ihm auf, dass er eine wichtige Mitteilung unterschlagen hat. Seine Gemeinde veranstaltet die Jugendfreizeit nicht nur wegen der jugendgerechten Ausstattung und des sozialen Beitrags. Sie veranstaltet sie vor allem, um jungen Menschen eine Begegnung mit dem Glauben zu ermöglichen. Er hat es in dem Gespräch verschwiegen. Schade, dass Pfarrer Nolting nicht zufällig dabei war. Der hätte hier sicher das richtige Wort gefunden. War Herr Heinrichs zu feige? Nein, Herr Heinrichs schätzt sich selbst nicht so ein. Es war eher, wie soll er sagen ... ihm haben irgendwie die rechten Worte gefehlt. Er weiß selbst nicht genau, warum.

Szenenwechsel. Die alte Frau Bergerhoff, an deren Bett im Krankenhaus Frau Niemeyer sitzt, kann nicht mehr sprechen. Nach menschlichem Ermessen wird es in den nächsten Tagen mit ihr zu Ende gehen. Frau Niemeyer hält ihre Hand. Im Zimmer ist es still. Die Bettnachbarin scheint zu schlafen. Vom Flur dringen undeutlich ein paar Krankenhausgeräusche durch: Topfgeklapper, Transporte, vereinzelte Stimmen. Frau Niemeyer unterstützt Pfarrerin Engelke bei den Krankenhausbesuchen. Oft geht es dabei um kleine Gefälligkeiten, Botengänge oder Besorgungen von zu Hause.

Hier – so scheint es – ist nichts mehr zu besorgen. Von Zeit zu Zeit blickt die alte Frau Bergerhoff sie matt an. Ihre Augen scheinen etwas zu wollen. Soll Frau Niemeyer ihr etwas erzählen? Frau Bergerhoff war lange Jahre in der Frauenhilfe. Also entschließt sich Frau Niemeyer, ein wenig vom Ausflug letzte Woche ins Freilichtmuseum am Niederrhein zu berichten. Frau Bergerhoffs Augen scheinen zu leuchten. Dann verfallen sie in die vorherige Mattheit. War's das? Frau Niemeyer merkt, wie sie sich in diesem Augenblick Pfarrerin Engelke herbeiwünscht. Die würde jetzt sicher noch ein Gebet sprechen und alles wäre gut. Etwas unsicher verlässt wenig später Frau Niemeyer das Krankenhauszimmer. Ja, sie wird der Pfarrerin Bescheid geben, wofür hat die schließlich Theologie studiert?

An diesen beiden Szenen fallen mindestens zwei Dinge auf. Erstens: Herr Heinrichs und Frau Niemeyer, die beide der Kirche verbunden sind, haben offenbar das Bedürfnis, etwas von dem, was sie mit der Kirche und dem Glauben verbindet, weiterzugeben. „Ich glaube, darum rede ich." Deshalb führen sie diese Gespräche – sozusagen am gemeindlichen „Gartenzaun". Zweitens fällt aber auch eine gewisse Unzufriedenheit auf. Beide vermitteln den Eindruck, dass ihre Versuche, etwas vom Glauben weiterzugeben, aus ihrer Sicht irgendwie nicht genügen. Dass sie beide irgendwie das „Eigentliche" schuldig geblieben sind.

Gibt es dafür Gründe? Man kann es sich einfach machen. Man kann das von Herrn Heinrichs und Frau Niemeyer so empfundene Ungenügen rasch als *Versagen* deuten und hat dabei – vermeintlich – auch noch biblische Erklärungen auf seiner Seite. Gab es da nicht mal einen Petrus, dem es ähnlich erging? Gab es da nicht mal so etwas wie Verleugnung des Herrn gerade da, wo es darauf ankam, mutig zu bekennen? Gab es da nicht mal so etwas wie Kleinmut, Feigheit und schuldhaftes Scheitern am Auftrag, Zeuge des Evangeliums zu sein? Gab es da nicht mal das furchterregende Wort Jesu: „Wer mich verleugnet vor den Menschen, den will auch ich verleugnen vor meinem himmlischen Vater" (Matthäus 10,33)?

Aber nehmen wir einmal an, dass es sich bei Herrn Heinrichs und Frau Niemeyer durchaus nicht um kleinmütige, bekenntnisscheue Drückeberger handelt, sondern um Menschen, die durchaus gewohnt sind zu sagen, was sie denken, und durchaus für das einzutreten gewillt sind, wovon sie überzeugt sind. Nehmen wir zudem an, beide sind grundsätzlich nicht auf den Mund gefallen. Woher rührt aber dann ihr auffallendes, von ihnen selbst so empfundenes Ungenügen, in ihren Gesprächen am Gartenzaun, das „Eigentliche" schuldig geblieben zu sein? Und die damit verbundene Sehnsucht nach dem, der das – vermeintlich – besser kann: das Weitergeben des Evangeliums? Die Sehnsucht nach dem „Profi", nach der Pfarrerin oder dem Pfarrer, nach dem, der in Glaubensdingen einfach kompetenter ist? „Herr Pastor, machen Sie das man, Sie können das doch besser." Ein gern geäußerter Satz.

Das kennen wir ja auch sonst: „Dazu sage ich nichts. Für Ihre Knochen bin ich nicht zuständig", sagt z. B. unser Hausarzt angesichts unserer Last mit der Bandscheibe und schickt uns zum Orthopäden. Aber kann man dieses Denken in Zuständigkeiten nun auch wie selbstverständlich auf die Weitergabe des Evangeliums übertragen?

Nach dem Motto: Gott? Glaube? Kirche? – dazu sage ich nichts, denn dafür bin ich als Laie, als Nichtfachfrau nicht zuständig. Das überlasse ich gerne denjenigen, die davon mehr verstehen. Dieses Denken hat eine lange Tradition. Im Mittelalter z. B. unterschied man – und die Katholische Kirche tut es bis heute – grundsätzlich zwischen Klerus und Laien. Der Klerus, das ist der durch besondere Weihe ausgesonderte Priesterstand. In besonderer Weise für den Glauben zuständig.

Es waren die Reformatoren, die uns neu darauf aufmerksam gemacht haben, dass es für solch ein Zuständigkeitsdenken in Sachen des Glaubens gar keine biblische Legitimation gibt. Wir hörten bereits Luthers markantes Wort: „Was aus der Taufe gekrochen ist, das mag sich wohl rühmen, zum Priester, Papst und Bischof geweiht zu sein." Wohl kennt die Bibel durchaus verschiedene Gaben und Aufgaben, verschiedene Funktionen und in späterer Zeit auch ein paar Ämter in der Gemeinde, aber sie unterteilt sie nicht in Priester und Laien bzw. in Theologen und einfache Gemeindeglieder nach dem Muster: „zuständig" und „nicht zuständig". Sondern innerhalb des Volkes Gottes gilt vielmehr: „Ihr werdet meine Zeugen sein" (Apostelgeschichte 1,8). *Ihr!* Der Prophet Amos z. B. war auch kein gelernter oder geweihter Priester, sondern Schafzüchter. Oder Petrus und Andreas waren durchaus keine Fachleute in Sachen Religion, sondern sie waren einfache Fischer. Und dennoch haben sie ihren Mund in ihrer Weise sehr kompetent aufgemacht zum Zeugnis für Gott. Hier gibt es kein kompetenter oder inkompetenter, kein besser oder schlechter, kein: „Dazu sage ich nichts, denn dafür bin ich nicht zuständig." Sicher gibt es Unterschiede. Sicher hat jeder von uns eine andere Art, sich zu äußern. Aber keine ist von vornherein höherrangig, besser, wichtiger oder kompetenter als die des anderen. Auch nicht die der Pfarrerin oder des Pfarrers.

Ihr! Das scheint nun einfacher gesagt als getan. Wer von uns, so ernsthaft er auch Christ zu sein versucht, hätte nicht schon ganz andere Erfahrungen gemacht? Wir möchten im Gespräch mit anderen Menschen vielleicht gerne von noch etwas anderem reden als nur von der Bandscheibe und dem verregneten Urlaub oder wie es den Enkeln inzwischen geht. Wir möchten vielleicht gerne auch etwas von dem zur Sprache bringen, was uns selbst trägt und tröstet, was uns Orientierung und Halt gibt, eben von Gott. Aber es fällt uns schwer, uns fehlen die Worte, wir empfinden das, was wir sagen, als kümmerlich. Petrus lässt grüßen.

Aber vielleicht muss das alles so gar nicht sein. Wenn man meint, etwas nicht zu können, dann kann man es ja vielleicht *lernen*. Vielleicht hat ja auch der Glaube eine eigene Schule nötig. Eine solche „Sprachschule des Glaubens", wie es der Theologe Ernst Lange genannt hat, könnte sicher zuerst die Familie sein. Aber wir wissen, wie es mittlerweile um die „christliche Erziehung", zu der sich Eltern und Paten bei der Taufe ihres Kindes verpflichten, bestellt ist. Auch wird manch ein guter Religionsunterricht das Seine tun. Doch der nächstliegende Ort könnte doch einfach die *Gemeinde* sein. Sie könnte nämlich der geschützte Raum sein, in dem ich mit anderen anfange, vielleicht anfänglich ein wenig unbeholfen, vielleicht auf Dauer auch nicht ohne Mühe, die Worte des Glaubens, *meine* Worte des Glaubens, wiederzufinden. Das geht nur, wo Menschen sich in einem Klima des Vertrauens zusammenfinden, um über der biblischen Botschaft miteinander ins Gespräch zu kommen. Wo sie behutsam, Schritt um Schritt, ohne Angst, etwas falsch zu machen oder schlechter zu sein als ein sogenannter „Profi", das eigene, authentische Wort des Glaubens wieder wagen.

Aber auch eine solche „Sprachschule des Glaubens" fällt nicht einfach vom Himmel. Sie muss, wenn es uns denn mit dem Missionsauftrag Jesu, der jedem Christenmenschen gilt, ernst ist, gegebenenfalls auch schlicht *organisiert*, gehegt und gepflegt werden. Es muss – um nur ein paar Beispiele zu nennen – in der Tat dafür gesorgt werden, dass die Gemeinde etwa nach einem Gottesdienst Gelegenheit hat, über das Gehörte zu reden. Dass das Gespräch über die biblische Botschaft zum selbstverständlichen Bestandteil aller gemeindlichen Kreise wird. Dass ehrenamtliche Mitarbeiter, etwa im Kindergottesdienst, in der Jugend-, Erwachsenen- und Altenarbeit oder im Besuchsdienst, nicht einfach „auf die Menschheit losgelassen werden", nur weil sie so sympathisch sind oder sich unbedingt „irgendwo" engagieren wollen, sondern dass ihnen von Seiten der Gemeinde regelmäßig inhaltliche und methodische Zurüstung zukommt.

Dabei müssen wir allerdings einem Missverständnis wehren. Das Ziel solch einer „Sprachschule des Glaubens" ist nicht, dutzendfach kleine Pfarrerinnen und Pfarrer zu produzieren. Nichts peinlicher, als wenn „normale" Christenmenschen sich einer vermeintlich frommen, abgehobenen Sprache bedienen, die doch eigentlich gar nicht die ihre ist und die in der Regel von anderen auch zu Recht als unglaubwürdig empfunden wird. Es geht nicht um pastorale Imitation, sondern um die Entdeckung und Entwicklung der *eigenen* Sprache des Glaubens.

Aus diesem Grund muss Herr Heinrichs vielleicht gar nicht das unbedingte Gefühl haben, bei seinem Gespräch mit der Familie Pfeifer etwas Entscheidendes schuldig geblieben zu sein. Er könnte doch nüchtern auf das hinweisen, was er selbst bei gemeindlichen Freizeiten als wohltuend erlebt hat: das offene Singen, die gemeinsamen Andachten, die intensiven Gespräche um Glaubens- und Lebensfragen. Vielleicht klingt ja ein solcher Bericht aus dem Munde eines „normalen" Nachbarn am Ende viel glaubwürdiger als aus dem eines kirchlichen „Profis".

Und vielleicht wird dann auch Frau Niemeyer ihren Besuch am Bett der sterbenden Frau Bergerhoff noch einmal anders deuten als nur mit der Vorstellung, alles wäre gut, wenn jetzt noch die Pfarrerin ein Gebet spräche. Könnte es nicht sein, dass Frau Niemeyer, indem sie in dieser Situation nichts anderes tut, als bei der alten Frau auszuharren, sie mit dem Bericht vom Frauenhilfsausflug am gemeindlichen Leben Anteil haben lässt und schließlich einfach nur ihre Hand hält, vielleicht schon *ihre* Sprache des Glaubens gefunden hat? Und zwar genau die Sprache, die die sterbende Frau Bergerhoff jetzt noch verstehen kann?

Und wenn es so wäre, dann wäre es die Aufgabe der Gemeinde, Herrn Heinrichs und Frau Niemeyer genau darin stark zu machen: Deine eigene Art, dem Glauben Ausdruck zu geben, das ist nicht eine Verkündigung zweiter Klasse, sondern das ist genau das, was das Evangelium favorisiert: Schafzüchter, Fischer, Zeltmacher, Bankangestellte, Verkäuferinnen, Schüler und Hausfrauen sind unterwegs, etwas von dem weiterzugeben, was sie selbst für sich als wichtig, tragend und tröstlich erfahren haben. Das kann man gewiss – leider – verlernen. Das kann man – Gott sei Dank – allerdings auch wieder erlernen. In der Gemeinde, wo sonst?

Die Arbeit der weltweiten Missionsgesellschaften oder der evangelistischen Großveranstaltungen und missionarischen Gospel-Events hierzulande ist deshalb nicht gering zu achten. Sie ist gewissenhaft mit Fürbitte und, wo nötig, auch mit Spenden zu begleiten und zu unterstützen. Aber das große, „professionelle" Engagement entbindet den einzelnen Christenmenschen nicht von seiner persönlichen Verantwortung, für seine Glaubensüberzeugungen einzutreten. Sicher: „Zeigen, was man liebt", ist gewiss nicht immer leicht und erfordert oft eine gehörige Portion christlicher Zivilcourage. Aber genau darum kann man ja auch bitten.

4. Die Stunde des Petrus

„Sprachschule des Glaubens" – sind wir damit auf schlanke Weise des „Petrus-Syndroms" enthoben? Haben wir uns damit sozusagen auf „technischem" Wege aller Anfechtung, aller Möglichkeit auch des Versagens und des Schuldigwerdens entledigt? Mitnichten. Wir können noch so „geübt", noch so „geschult", noch so gestärkt und ermutigt aus dem geschützten Raum der Gemeinde in unseren Alltag zurückkehren, wenn uns dort draußen, also etwa in einer feuchtfröhlichen Geburtstagsrunde, in der Werkskantine oder im S-Bahn-Abteil, Äußerungen begegnen, die dem Evangelium widersprechen, wenn etwa diskriminierend über Ausländer, Asylanten, Obdachlose, Arbeitslose, Behinderte, Juden oder Homosexuelle gesprochen wird, wenn etwa die NS-Vergangenheit verharmlost oder permanent das Hohelied des Konsums gesungen wird, dann gilt es in der Tat, den Mund aufzumachen. Hier, im *Alltag*, entscheidet sich Bewährung oder Versagen des Glaubens. Hier ist der Ort des Standhaltens oder des Schuldigwerdens. Hier ist die Stunde der Anfechtung. Die Stunde des Petrus.

Hier – „am Gartenzaun" – beginnt Mission.

V. Kirche von unten

1. Evangelische Umständlichkeit

„Da muss ich erst einmal unser Presbyterium fragen." Der Pfarrer der kleinen Stadt irgendwo im Niederrheinischen zieht die Schultern hoch. Wir sind gerade dabei, einen Kabarettabend in seiner Gemeinde zu planen. Nun geht es nur noch um die Frage, ob wir im vorderen Bereich der Kirche ein paar zusätzliche Stühle stellen sollen. „Da muss ich erst einmal unser Presbyterium fragen." Wie bitte? Wo gibt es denn so was, dass ein gestandener Gemeindepfarrer, was das Gemeindeleben anbelangt, nicht mehr alleine Entscheidungen treffen kann? Sehnsüchtig denke ich an vergangene Woche zurück. Da hatte ich es mit einem katholischen Kollegen zu tun. Alle anstehenden Fragen waren in Minutenschnelle erledigt. Per Telefon und kraft der Entscheidungsgewalt des pastoralen Amtes. So kann es also auch gehen. –

„Vielleicht können wir die Sache auch erst einmal an den Bau- und Finanzausschuss weiterleiten." Ein erlösendes Wort. Hinter uns liegen schlappe zwei Stunden Hin und Her. Es geht um die schlichte Frage, ob am Gemeindehaus eine „Behindertenrampe" eingerichtet werden soll oder nicht. Grundsätzlich sind natürlich alle Presbyterinnen und Presbyter dafür. Wer will sich schon nachsagen lassen, etwas gegen Behinderte zu haben? Doch dann taucht mehr und mehr das eine oder andere Bedenken auf. Ob der Anfahrtsweg nicht zu kurz und damit die angedachte Neigung nicht zu gefährlich sei. Ob man auch an den Denkmalsschutz gedacht habe. Wie man das Ganze überhaupt zu finanzieren gedenke. Ob man nicht auch einmal mit dem Landschaftsverband Kontakt aufnehmen müsse. Ob es nicht auch ganz andere Lösungen gebe. Und ob überhaupt schon einmal jemand mit den Rollstuhlfahrerinnen und Rollstuhlfahrern in der Gemeinde in dieser Angelegenheit geredet habe. Womöglich könne eine solche Rampe ja auch als Diskriminierung verstanden werden. Und, und, und. Dann die Erlösung: „Vielleicht können wir die Sache auch erst einmal an den Bau- und Finanzausschuss weiterleiten." Es ist mittlerweile kurz nach zehn. Vor uns liegen noch schlappe sieben weitere Tagesordnungspunkte. Warum zügig, wenn es auch umständlich sein kann. –

Die neue Kindertagesstätte soll einen originellen Namen bekommen. Jemand hat die Idee, dass man das nicht „von oben herab", sondern „demokratisch" entscheiden solle. Das entspreche ja doch auch einem evangelischen Grundverständnis von Kirche. Wenig später findet sich eine Initiativgruppe zusammen. Bald darauf gibt es einen Aufruf im Gemeindebrief. Daraufhin hagelt es nur so von bunten Vorschlägen. Von „Krokofant" über „Superstrolche", „Mäusezahn", „Arche Noah" und „Kükenhütte" bis hin zu „Dreikäsehoch", „Rappel-Zappel", „Kiddifarm" und „Kuschelhausen". Die Initiativgruppe wird von der Gemeindeleitung mit einer ersten Auswertung beauftragt. Am Ende steht eine Prioritätenliste, die in einer Elternversammlung zur Diskussion und Abstimmung gestellt werden soll. Das Ergebnis wird vom Presbyterium als „zu wenig kirchlich" abgelehnt. In den nächsten Tagen liefern sich im Lokalteil der Zeitung etliche Leserbriefe eine wütende Schlacht. In Anbetracht der nahenden Eröffnung entscheidet das Presbyterium sich für eine „vorläufige Lösung", um zu einem geeigneten Zeitpunkt die Sache noch einmal zu bedenken. Bald darauf öffnet die neue „Evangelische Kindertagesstätte an der Kirchstraße" ihre Tore. Das hätte man vielleicht auch mit etwas weniger Aufwand haben können. –

2. Calvins Impuls

Eingebrockt hat uns diese evangelische Umständlichkeit wohl vor allem der Reformator Johannes Calvin. Von Hause aus Franzose, wirkte er Mitte des 16. Jahrhunderts vor allem in Straßburg und Genf. Ursprünglich sehr von Martin Luthers Schriften beeindruckt, schlägt er doch bald ganz eigene, manche meinen: wesentlich konsequentere Wege innerhalb der frühen reformatorischen Bewegung ein. Im Unterschied zu Luther, dessen umfangreiches Werk vor allem aus Einzelschriften, Predigten, Briefen und dokumentierten Tischreden besteht, hat Calvin als einer der ersten Reformatoren auch eine bündige systematische Theologie vorgelegt: „Unterricht in der christlichen Religion" (1536).

In einer fast 2000 Seiten umfassenden dreibändigen Studienausgabe ist etwa ein Drittel, also knapp 700 Seiten, der „Kirche" gewidmet. Bei Luther kann man die vielen Einzelstellen, in denen er sich zur „Kirche" äußert, gar nicht zählen. Allein diese Ausführlichkeit deutet bereits das Gewicht an, das die Reformatoren dem Thema beimessen. Kirche ist eben keine beliebige und zur Not auch entbehrliche Begleiterscheinung des christlichen Glaubens, etwa für den Fall, „wenn mir danach zumute ist" oder ich zufällig den Gemeindepfarrer sympathisch finde, sondern sie ist *wesentlicher und unveräußerlicher Bestandteil des Glaubens*. Das kommt ja bereits in unserem Glaubensbekenntnis mit seinem Bekenntnis zur „Gemeinschaft der Heiligen" zum Ausdruck.

Aber damit ergibt sich für Calvin bereits ein erstes *Problem*. Das, was sich ihm und seinen Zeitgenossen seinerzeit faktisch als Kirche darbot, also ein autoritärer römischer Machtapparat, religiös repressiv und menschlich korrupt – das sollte nun die „Gemeinschaft der Heiligen" sein? Da mögen einen doch Zweifel beschleichen. Es erinnert ein bisschen an die bekannte Äußerung mancher Zeitgenossen, wonach sie mit dem lieben Gott keine Schwierigkeiten hätten, wohl aber mit seinem „Bodenpersonal". Calvin begegnet nun diesem sehr grundsätzlichen Problem mit Rückgriff auf eine alte theologische Lehre, derer sich schon der Kirchenvater Augustin bedient hatte: der Unterscheidung von *sichtbarer und unsichtbarer Kirche*.

Geglaubt wird die *unsichtbare* Kirche. Wer zu ihr gehört, ist uns verborgen und einzig in Gottes Ratschluss aufgehoben. Menschen haben hier nicht zu entscheiden. Die Kirche Jesu Christi ist also zunächst einmal etwas anderes und vor allem auch etwas Größeres als die Kirche, die wir Tag für Tag oder auch Woche für Woche konkret und nicht selten auch etwas kleinkariert erleben und an der man getrost auch immer mal wieder verzweifeln kann. Insofern ist die Lehre von der unsichtbaren Kirche zunächst ein kritisches Korrektiv gegenüber allen – später vor allem im Pietismus – gepflegten Versuchen, die „wahre Kirche" gewissermaßen „feststellen" zu können, etwa an einem bestimmten Frömmigkeitsstil oder an einer anständigen Lebensführung. Die geglaubte Kirche ist nicht identisch mit einem Verein von frommen Gutmenschen.

Auf der anderen Seite ist die Kirche aber auch zu *sehen*, wir würden heute sagen: empirisch wahrzunehmen. Diese sichtbare Kirche – mit allen ihren Schwächen und Unzulänglichkeiten – ist nun für Calvin nicht in der Weise von der unsichtbaren, „wahren" Kirche abzuspalten, als sei sie nur der uneigentliche, mithin zu ignorierende Abklatsch eines geistlichen Ideals von Kirche. Es gibt nicht zwei Kirchen, eine ideale und eine reale. Vielmehr ist *in* der sichtbaren Kirche die wahre Kirche da, allerdings in verborgener Weise. Es verhält sich im Grunde wie mit der *Menschwerdung Gottes*. So wie sich Gott in dem Menschen Jesus von Nazareth verhüllt, aber in ihm dennoch gegenwärtig ist, so auch die unsichtbare Kirche in der sichtbaren. Daran wird deutlich, dass die Kirche ihre Identität als „Gemeinschaft der Heiligen" nicht von *sich*, also etwa von ihrer wahrnehmbaren religiösen oder moralischen Qualität her hat, sondern von *außen*, von dem gnädig sie erwählenden, sie heilig machenden Gott.

Das kommt für Calvin vor allem darin zum Ausdruck, dass der Kirche etwas Unvergleichliches *anvertraut* ist: das *Evangelium*. Wem etwas anvertraut ist, der weiß, dass er über das ihm anvertraute Gut nicht einfach verfügen kann. Anvertrautes Gut wird nicht automatisch zu meinem Eigentum. Und so wird auch das anvertraute Evangelium nicht einfach zum Eigentum der Kirche. Vielmehr gilt, dass Gott „seiner Kirche diesen Schatz gleichsam zur Verwahrung übergeben" hat. „Verwahrung" ist etwas anderes als Verfügung. Verwahrung hat etwas mit Respekt, mit Demut, mit Dienstbereitschaft und einer hohen Verantwortung einem anderen gegenüber zu tun. Wie Luther, so wendet sich hier Calvin vehement gegen eine Kirche, die meint, das Heil gepachtet zu haben und es nach Gutdünken – etwa in der Sakramentsverwaltung – austeilen zu können. Nach Auffassung der Reformatoren aber *hat* die Kirche das Heil überhaupt nicht, sie kann es nur *bezeugen*. Das soll sie allerdings.

In dem Zusammenhang taucht bei Calvin das Bild von der Kirche als *„Mutter"* auf. „Es gibt", so schreibt er, „für uns keinen anderen Weg ins Leben hinein, als dass die Kirche uns in ihrem Schoße empfängt, uns gebiert, an ihrer Brust nährt und schließlich unter ihrer Hut und Leitung in Schutz nimmt, bis wir das sterbliche

Fleisch von uns gelegt haben und den Engeln gleich sein werden." Ein erstaunlich zärtlicher Klang, den manch einer einem Calvin wohl nicht zugetraut hätte. So wie für ein Kind die Liebe der Mutter lebensnotwendig ist, so ist der mütterliche Dienst der Kirche für und an den Menschen zu verstehen. Auch dieser Vorgang ist ein Ausdruck der Menschlichkeit Gottes, der durch die „Mutter Kirche" bzw. durch ihre Verkündiger menschlich mit uns spricht. „Er will uns lieber", schreibt Calvin, „nach menschlicher Weise durch Ausleger anreden, um uns zu sich zu locken, als uns etwa mit seinem Donnern von sich wegzutreiben."

Konkret denkt Calvin nun die sichtbare Kirche im biblischen Bild vom *„Leib Christi"*. So heißt es etwa bei Paulus: „Wie wir an einem Leib viele Glieder haben, aber nicht alle Glieder dieselbe Aufgabe haben, so sind wir viele ein Leib in Christus, aber untereinander ist einer des andern Glied, und haben verschiedene Gaben nach der Gnade, die uns gegeben ist" (Römer 12,4-6). Als „Leib Christi" ist für Calvin die Kirche keine starre Institution, sondern ein lebendiger Organismus des gegenseitigen Dienens und Aufeinander-angewiesen-Seins. Deshalb ist auch der Dienst am Evangelium nicht einem Einzelnen in der Gemeinde, etwa dem Pastor, sondern der *Gemeinde insgesamt* anvertraut. Im Unterschied zum römisch-katholischen Verständnis von Kirche, das aus dem biblischen Bild vom „Leib Christi" eine hierarchische Priesterkirche ableitet, ist für Calvin der „Leib Christi" gerade umgekehrt der Grund für eine nicht hierarchische Kirche. Für eine Kirche, die sich von ihren Gliedern her versteht, kurz: für eine *Kirche von unten*.

Dieses Verständnis von Kirche ist reformatorischer Konsens. Dennoch gibt es auch hier Differenzen. *Luther* etwa behauptete steil: „Was aus der Taufe gekrochen ist, das kann sich rühmen, dass es schon zum Priester, Bischof und Papst geweihet sei." Immerhin konnte er sich mit dieser Behauptung auf einschlägige Bibeltexte berufen (etwa auf 1. Petrus 2,9). Später wurde daraus der evangelische Grundsatz vom „Priestertum aller Gläubigen" abgeleitet. Dieser besagt im Kern, dass jeder Christenmensch dazu berufen ist, das Evangelium zu verbreiten und die Kirche zu leiten. Etwas getrübt wurde dieser „basisdemokratische" Gedanke allerdings von Luther selbst dadurch, dass er dann noch einmal zwischen öffentlicher und privater Verkündigung unterschied, wofür es – by the way – gar keinen biblischen Anhalt gibt. Zur *privaten* Verkündigung – etwa in der Erziehung – sei in der Tat jeder Christ berufen. Zur *öffentlichen* – etwa auf der Kanzel – nur der „dazu ordnungsgemäß berufen ist", wie es das Augsburger Bekenntnis dann formuliert (Artikel XIV). In den meisten protestantischen Kirchen hat sich diese Sichtweise bis heute durchgesetzt. Aus der „ordnungsgemäßen Berufung" ist kirchenrechtlich die Ordination eines Pfarrers geworden.

Während Luther mit seiner Unterscheidung von öffentlicher und privater Verkündigung schon bald auf eine Pfarrer- und Amtskirche zusteuert, setzt Calvin doch noch einmal einen anderen Akzent. Mit Rückgriff auf weitere biblische Texte (etwa Römer 12,1, Korinther 12 oder Epheser 4) benennt er konkret verschiedene kirchliche „Ämter" für den Dienst am Evangelium: Pastoren, Doktoren, Presbyter und Diakone. Dass es sich hierbei nicht um die unverrückbare Struktur einer neuen Ämterkirche, sondern mehr um beispielhafte *Funktionen* von Kirche handelt, wird aus der Tatsache ersichtlich, dass Calvin an anderer Stelle durchaus auch andere Aufzählungen macht. Aber schon bei den genannten vier Ämtern fällt auf, dass der Dienst am Evangelium sowohl *Theologen wie Nichttheologen* umfasst.

3. Fast revolutionär

Dieser theologische Impuls Calvins hat dann vor allem in den von der Schweizer Reformation geprägten *reformierten* Kirchen seinen nachhaltigen Niederschlag gefunden. So etwa in der Ersten Duisburger Generalsynode von 1610. Seinerzeit kamen 22 Pfarrer und acht Laien zusammen und legten fest, dass die evangelischen Gemeinden der damaligen Herzogtümer Jülich-Kleve-Berg und Mark sämtliche „Kirchensachen", wie es hieß, selbstständig zu verhandeln haben und die Leitung der Kirche in den Dienst von gleichberechtigten Theologen und Laien zu stellen sei: die Geburtsstunde der berühmten *„presbyterial-synodalen Kirchenordnung"*, deren man sich bis auf den heutigen Tag vor allem in der rheinischen und westfälischen Kirche gerne zu rühmen weiß.

Der Ausgangspunkt des „presbyterial-synodalen" Gedankens ist „unten", also die *Gemeinde*, in der sich – frei nach Luther – das „Priestertum aller Gläubigen" verkörpert. Diese wählt alle paar Jahre aus ihrer Mitte Frauen und Männer in den „Kirchenvorstand", wie er in manchen Landeskirchen heißt, bzw. eben in das „Presbyterium" und beauftragt sie auf Zeit mit der Leitung der Gemeinde. Das meint das Wort *„presbyterial"*. Als Theologen sind in diesem Leitungsgremium nur die zuständigen Pfarrerinnen und Pfarrer vertreten. Alle anderen Mitglieder sind sogenannte „Laien". Nach „oben" hin gilt nun das *„Synodal"*prinzip: Die Presbyterien wählen ihre Vertreter in die jeweiligen Kreissynode, die Kreissynoden in die jeweiligen Landessynoden, die Landessynoden in die Synode der Evangelischen Kirche in Deutschland. Die Bewegung geht – so der presbyterial-synodale Grundgedanke – von „unten" nach „oben" und nicht umgekehrt. Neben diesen mehr strukturellen Folgen schlägt sich das Prinzip einer „Kirche von unten" aber vor allem darin nieder, dass in den Gemeinden Menschen auf vielfältige Weise *ehrenamtlich* engagiert sind.

Was für ein anderes Gesicht könnte die Evangelische Kirche bekommen, wollte man den presbyterial-synodalen Grundgedanken nur einmal ernsthaft in die Tat umsetzen! Wie sähe beispielsweise ein *Gottesdienst* aus, in dem nicht der Pfarrer der Hauptakteur wäre, sondern sich die versammelte Gemeinde mit den in ihr vorhandenen gestalterischen Gaben einbringen könnte? Wie sähe etwa eine *Verkündigung* aus, in der sich nicht die Pfarrerin krampfhaft um Beispiele aus dem Alltag bemühte („Wir denken da an die Arbeitslosen, an die Flüchtlinge, an die Behinderten ..."), sondern die Betroffenen selbst zu Wort kämen? Wie sähe ein *gottesdienstliches Gebet* aus, das nicht aus wohlformulierten, vom Pfarrer vorgetragenen Sätzen bestünde, sondern in welchem die Gemeinde Gelegenheit hätte, das, was sie bewegt, vor Gott zu bringen? Wie sähe ein *kirchlicher Unterricht* aus, der nicht so sehr eine Unterweisung an oder für junge Menschen wäre, sondern sich vor allem mit ihnen gemeinsam auf den Weg machte, um zu entdecken, was das Evangelium für ihr Leben bedeutet? Wie sähe ein *Frauennachmittag* aus, an dem nicht der Pfarrer eloquent über Witwenschaft und Einsamkeit referierte, sondern in der die Frauen selbst ihre Erfahrungen etwa unter einem Bibelwort austauschen könnten? Wie sähe eine gemeindliche *Seelsorge* aus, die nicht auf eine Amtsperson fixiert wäre, sondern in der einer dem anderen zum „Hirten" würde? Wie sähe ein *Gemeindevorstand* (Presbyterium) aus, der nicht offen oder sublim pastoral bevormundet würde, sondern in dem viele verschiedene Kompetenzen aus Berufs- und Lebenserfahrung zur Geltung kommen könnten? Wie sähe ein *Gemeindebrief* aus, allein dessen Sprache, Länge der Artikel, Layout und Illustration, von Inhalten ganz zu schweigen, nicht schon beim ersten Aufblättern klerikale Betulichkeit verbreitete, sondern die Lebens- und Glaubenswirklichkeit der tatsächlichen Gemeinde widerspiegelte? Die in unserer Gesellschaft viel beschworene Partizipation und Inklusion – hier, in einer ernst genommenen „Kirche von unten" könnten sie gelebt werden.

Oft ist allerdings von „*der* Kirche" die Rede. Was „*die* Kirche" alles tun und lassen sollte: sich mehr um Alte, Kranke und Behinderte kümmern; endlich einmal was für Kinder und Jugendliche tun; sich für die Belange von berufstätigen Frauen oder alleinerziehenden Vätern einsetzen; klare Worte zum Thema Abtreibung, Ladenöffnungszeiten oder Sterbehilfe von sich geben; sich doch gefälligst aus der Tagespolitik raushalten. So als sei „die Kirche" eine Art anonyme Behörde, die mit den einzelnen Menschen, die zu ihr gehören, gar nichts zu tun habe. Man kennt einen ähnlichen Vorgang auch aus dem politischen Bereich, wo man ja gerne von „denen da oben" spricht. Doch ein solches Verständnis von „der Kirche" lässt sich evangelischerseits gar nicht halten. Hier gilt vielmehr, dass Kirche allererst eine konkrete *lebendige Gemeinde* ist, zu der jeder getaufte Christ gehört. Überspitzt gesagt: „Die" Kirche bin *ich*. Und wenn ich danach rufe, was „die" Kirche alles tun und lassen sollte, dann sollte ich zuerst danach fragen, wo ich – gewiss nach dem Maß meiner Fähigkeiten – in ihr Verantwortung übernehmen kann. Dann, aber eben auch erst dann können wir uns gerne über nun einmal notwendige „höhere" Ämter, Leitungsfunktionen oder quasi-behördliche Verwaltungsstrukturen verständigen.

Nach Auffassung der Reformatoren kann die Kirche aber nur dann lebendige Gemeinde sein und vor allem *bleiben*, wenn sie eine *stets zu erneuernde* (semper reformanda) ist. Bei „reformanda" denken die Reformatoren allerdings nicht an irgendeine laue Strukturreform. Denn die ganze Wahrheit des Auftrags zum „semper reformanda" besteht darin, dass die stete Erneuerung der Kirche nur in einem immer neuen Hören auf das Evangelium (per verbum divinum) möglich und notwendig ist. Damit wäre die Kirche am Ende möglicherweise nicht nur angenehm reformerisch, sondern durchaus unbequem, ja fast revolutionär aufgestellt. „So halten wir nun dafür", schreibt z. B. Calvin, „dass das Leben der Kirche nicht ohne Auferstehung, noch mehr: nicht ohne viele Auferstehungen" möglich ist. Und wenn es nur dies ist, was von der Evangelischen Kirche zu sagen wäre, es hätte sich schon gelohnt, bei den Reformatoren für einen Moment in die Schule gegangen zu sein.

Den Preis, bei anstehenden Entscheidungen zuvor unser Presbyterium fragen zu müssen, den zahlen wir da doch gerne.

VI. Kirche für andere

1. „… dass allen Menschen geholfen werde"

Mit Frau Hemstege von gegenüber steht es gesundheitlich nicht zum Besten. Seit ein paar Wochen ist sie ganz auf fremde Hilfe angewiesen, zumal ihr Mann, auch nicht mehr einer der Jüngsten, mit der Pflege völlig überfordert ist. Die erwachsenen Kinder wohnen weit weg. Und was die nähere Nachbarschaft angeht, so waren die Hemsteges da immer sehr zurückhaltend. Seit ein paar Wochen fällt auf, dass morgens und abends immer ein kleines weißes Auto jeweils etwa für eine halbe Stunde vor der Tür hält. Der Aufkleber ist gut zu lesen: „… weil es um den Menschen geht. Ihr Pflegedienst der Diakonie". –

„Wir bieten Ihnen Bildung für alle Lebensbereiche und wenden uns an Frauen, Männer und Kinder." Mit freundlichen Worten macht die Einrichtung der Evangelischen Erwachsenenbildung auf ihr vielfältiges Programm aufmerksam: Eltern-Kind-Gruppen, Spanischkurse für Anfänger, Rückengymnastik, „Internationale Küche für Männer" und eine Exkursion zu den „berühmten" Kirchenfenstern Marc Chagalls in Mainz. Die Teilnahmegebühren wirken durchweg sozial verträglich. –

Soeben hat mir in der Fußgängerzone eine freundliche junge Dame einen Zettel in die Hand gedrückt: „Aufruf zur Demonstration gegen rechts". Nächsten Montag, 18 Uhr, vor dem Rathaus. Unterzeichnet ist der Aufruf vom „Bündnis für Toleranz und Zivilcourage". Ihm gehören verschiedene Gruppen der Stadt an, die man sonst so nicht beieinander findet: Gewerkschaften, Parteien, die städtischen Bühnen, ein paar bekannte Sportvereine und „die beiden großen Kirchen". Als Redner sind neben einer Schauspielerin, die ein Brechtgedicht vortragen wird, der Oberbürgermeister und Pfarrer Husemann vorgesehen, bekannt durch seine wöchentlichen „Friedensgebete" in der Citykirche. –

Ein paar scheinbar zufällige und unzusammenhängende Wahrnehmungen von kirchlicher Präsenz in der Öffentlichkeit. Und man kann fragen, weshalb sich die Evangelische Kirche überhaupt in soziale, kulturelle und politische Dinge einmischt. Hat sie nicht ihre Gottesdienste und Gebete, ihren kirchlichen Unterricht und ihre gemeindlichen Kreise, ihre Seelsorge und ihre geistlichen Abendmusiken? Ja, das hat sie, und sie speist ihr Selbstverständnis und ihre Kraft immer wieder neu aus diesen, wenn man so will: „internen" Quellen des Evangeliums.

Aber genau dieses Evangelium hat eben auch eine „externe" Seite. Ist von Hause aus gar nicht nur für ein paar Kirchenfromme gedacht, sondern für *alle* Menschen. Für Fromme *und* Unfromme, für die Kirche *und* für die Welt. Ganz einfach, weil Jesus Christus nicht nur der Herr der Kirche, sondern vor allem der Herr der *Welt* ist. Das Evangelium selbst drängt also von sich aus durch die Kirchenmauern nach *draußen*, um dort allen Menschen zugutezukommen: „Siehe, ich verkündige euch große Freude, die *allem Volk* widerfahren wird", verheißt der Weihnachtsengel. Denn „Gott will, dass *allen Menschen* geholfen werde und sie zur Erkenntnis der Wahrheit kommen" (1. Timotheus 2,4). Deshalb wird der Apostel Paulus nicht müde zu mahnen, „eure Güte *allen Menschen* kund sein zu lassen" (Philipper 4,5). Bereits Jesus fragt in der Bergpredigt seine „frommen" Zuhörer: „Wenn ihr nur zu euren Brüdern freundlich seid, was tut ihr Besonderes?" (Matthäus 5,47).

Nicht ohne Grund hat deshalb Dietrich Bonhoeffer immer wieder von der Kirche als einer *„Kirche für andere"* gesprochen: „Kirche ist nur Kirche, wenn sie für andere da ist. Sie muss an den weltlichen Aufgaben des menschlichen Gemeinschaftslebens teilnehmen, nicht herrschend, sondern helfend und dienend." Helfend und dienend – das ist nun allerdings das entscheidende Kriterium für eine Kirche, die sich in die öffentlichen Belange einer Gesellschaft einmischt. Bereits Martin Luther hatte in seiner berühmten Schrift „Von der Freiheit eines Christenmenschen" (1520) der These, dass „ein Christenmensch ein freier Herr über alle Dinge ist und niemand untertan", die zweite These hinzugefügt: „Ein Christenmensch ist ein dienstbarer Knecht aller Dinge und jedermann untertan." Wenn sich die Kirche „jedermann" zuwendet, dann tut sie das also nicht, um sich in der Öffentlichkeit wichtig zu machen oder gar um irgendwelche gesellschaftlichen oder moralischen Machtpositionen zu behaupten, sondern eben, damit „allen Menschen *geholfen* werde".

Genau dafür stehen die Diakonie, die kirchliche Erwachsenenbildung und nicht zuletzt das politische Engagement der Kirche.

2. „Anwältin der Schwachen"

Im weihnachtlichen Lobgesang der Maria (Lukas 1) heißt es:

> „Meine Seele erhebt den Herrn,
> und mein Geist freut sich Gottes, meines Heilandes;
> denn er hat die Niedrigkeit seiner Magd angesehen.

Er übt Gewalt mit seinem Arm
und zerstreut, die hoffärtig sind in ihres Herzens Sinn.
Er stößt die Gewaltigen vom Thron
und erhebt die Niedrigen.
Die Hungrigen füllt er mit Gütern
und lässt die Reichen leer ausgehen."

Im Gegensatz zu den Göttern ihrer Umwelt, die in der Regel für Kraft und Überlegenheit, Erfolg und Macht, Kampf und Sieg standen, besingt Maria hier den Gott, von dem bereits das Alte Testament berichtet, dass er auf der Seite der Geringen steht. So heißt es etwa in Psalm 146: „Der Herr schafft Recht denen, die Gewalt leiden, er speist die Hungrigen. Der Herr macht die Gefangenen frei. Der Herr macht die Blinden sehend. Der Herr richtet auf, die niedergeschlagen sind. Der Herr behütet die Fremdlinge und erhält Waisen und Witwen." Dieser – wenn man so will – „Charakterzug" Gottes, nämlich seine geradezu penetrante Parteilichkeit für die Niedrigen, zieht sich wie ein roter Faden durch die gesamte Bibel. In kirchlichen Verlautbarungen taucht deshalb immer wieder die Formulierung von der „vorrangigen Option für die Armen, Schwachen und Benachteiligten" auf. Sie ist der tragende Grund einer kirchlichen Diakonie, die ihren Auftrag als „gelebte Nächstenliebe" versteht.

Dabei wird die Frage, wer denn überhaupt „mein Nächster" sei, bereits in der Bibel gestellt. Jesus beantwortet sie mit der Erzählung vom Barmherzigen Samariter (Lukas 10,29-37), dessen Botschaft Martin Luther in dem einprägsamen Satz zusammenfasst: „Unser Nächster ist jeder Mensch, besonders der, der unsere Hilfe braucht." Deshalb setzt sich die Diakonie nach eigenem Bekunden vor allem „für Menschen, die am Rande der Gesellschaft stehen, die auf Hilfe angewiesen oder benachteiligt sind", ein. Auch der Name „Diakonie" ist kein Zufall. Er kommt aus dem Griechischen (diakonia) und meint schlicht „Dienst". Die helfenden, fürsorgenden, pflegerischen und beratenden Tätigkeiten der Diakonie mögen auch ihre fachlichen, betriebswirtschaftlichen und organisatorischen Aspekte haben, im Ganzen sind sie nur dann „diakonisch", wenn sie sich als grundsätzlich *dienend*, genauer gesagt: als menschendienlich verstehen.

Die traditionelle Diakonie hat den Nächsten vor allem in dem *einzelnen* hilfsbedürftigen Menschen gesehen: in seiner jeweiligen körperlichen, seelischen oder auch sozialen Not. Ihm galten zunächst die Aufmerksamkeit und die Zuwendung der großen diakonischen Werke etwa des 19. Jahrhunderts. Für sie waren jene „Nächsten, die unsere Hilfe brauchen", vor allem die Kranken, die Schwermütigen, die Verwahrlosten, die Trunksüchtigen, die Armen, Verwaisten oder Obdachlosen – lange genug von einer verbürgerten Kirche übersehen. Das ist das historische Verdienst der Diakonie und bleibt ihr Auftrag, solange irgendein Mensch auch nur irgendeine Not leidet.

Auch wenn dieser diakonische Ansatz häufig als „bloß individualistisch" und insofern womöglich als „nur systemstabilisierend" abgetan wird, lächle man also nicht zu früh über eine Kirche der „Mühseligen und Beladenen", die sich angeblich nur um die Folgen und Symptome gesellschaftlicher Verhältnisse kümmert. Es könnte sein, dass sich in dem treuen Ausharren der Diakonie bei den Opfern der Gesellschaft, bei den Ausgelieferten und Hinnehmenden, bei den Aussortierten und Liegengebliebenen, bei den Mutlosen und Resignierten eine verborgene Kraft entfaltet, die gerade darin stark ist, dass sie sich einem gesellschaftlichen und politischen Relevanzdruck standhaft entzieht. „Meine Kraft ist in den Schwachen mächtig", sagt Paulus (2. Korinther 12,9).

Gleichwohl geht die moderne Diakonie einen deutlichen Schritt weiter, wenn sie die Not des Einzelnen inzwischen nicht nur unter dem Aspekt seines vorfindlichen individuellen Leidens, etwa seiner Schmerzen, seiner Behinderung, seiner Einsamkeit oder seiner Armut, in Blick nimmt, sondern auch unter dem Aspekt der *Ursachen* seines Leidens, etwa der Arbeitslosigkeit, der mangelnden Bildung, der gesundheitlichen Unterversorgung, des sozialen Status oder der gesellschaftlichen Ächtung. So heißt es im Leitbild der Diakonie der Evangelischen Kirche in Deutschland: „Neben der tätigen Hilfe versteht sich die Diakonie als Anwältin der Schwachen und benennt öffentlich die Ursachen von sozialer Not gegenüber Politik und Gesellschaft."

Diakonie ist also alles andere als eine kirchliche Nebensache, die man zur Not auch bleiben lassen könnte, wenn denn in der Kirche nur genug geglaubt und gebetet würde. Diakonie ist vielmehr ein notwendiger Teil des Glaubens, ohne den die Kirche tot wäre. Genauso tot, wie es die bürgerliche Kirche des 19. Jahrhunderts in weiten Teilen war und womöglich heute noch dort ist, wo sie sich nur noch um sich selbst dreht. Deshalb ist auch die gerade im kirchlichen Jargon häufig anzutreffende Rede von „Kirche *und* Diakonie" zumindest grob fahrlässig. „Kirche und Diakonie" klingt nach „Kirche und Gewerkschaft" oder „Kirche und Kultur". So, als wäre auch eine Kirche neben oder gar ohne Diakonie denkbar. Die Evangelische Kirche ist aber nicht *neben*, sondern *in* allen ihren Lebensäußerungen eine diakonische, eine dienende, eine „Kirche für andere". Eine „arme Dienstmagd" hat Martin Luther sie verschiedentlich genannt. Wo er Recht hat, hat er Recht.

3. Kirchliche Volkshochschule?

Ich blättere im Gemeindebrief irgendeiner x-beliebigen evangelischen Kirchengemeinde im Rheinland. „Der Handarbeitskreis trifft sich jeden 1. und 3. Mittwoch im Monat um 15 Uhr im Gemeindehaus. Wir freuen uns über jede Frau, die Lust am Handarbeiten und Basteln hat." Ein paar Seiten später lese ich das Angebot eines Internet-Cafés für Konfirmandinnen und Konfirmanden: „Hier könnt ihr unseren DSL-Anschluss nutzen und mit zwei PCs ins Internet gehen." Eine Frauenhilfe lädt für Donnerstagnachmittag zu folgendem Thema ein: „Gutes Hören ist wichtig. Herr B., Hörakustikmeister, gibt wertvolle Tipps." Und die Evangelische Arbeitnehmerbewegung will demnächst über Folgendes informieren: „Der Islam – und was wir über ihn wissen sollten". Ein paar Zeilen darunter geht es um das Angebot: „Essen kann mehr sein als nur Nahrung." Außerdem beschäftigt sich der Männerkreis demnächst mit dem Verhältnis von Wasserwirtschaft und Umweltverantwortung am linken Niederrhein. Nehmen wir einmal die vielen verborgenen Bildungsvorgänge in Gottesdienst, Unterricht, Krabbelgruppen und Kindergarten, Kinder-, Jugend- und Erwachsenengruppen, Chorproben und Ausschüssen hinzu, so braucht sich eine normale evangelische Kirchengemeinde, was den Beitrag zur allgemeinen Volksbildung angeht, wahrlich nicht zu verstecken. In Artikel 1 der Kirchenordnung der Evangelischen Kirche im Rheinland lesen wir, dass die Kirche „den Auftrag" u. a. „zur christlichen Erziehung und Bildung" hat. Aber hat sie den wirklich? Die Frage muss erlaubt sein.

Was ist überhaupt Bildung? Ein schlaues Lexikon liefert folgende Antwort: „Die Entwicklung des Menschen im Hinblick auf seine geistigen, seelischen, kulturellen und sozialen Fähigkeiten". Man könnte auch abgekürzt sagen: Bildung ist Lernen, sofern wir Lernen nicht mit bloßem Vokabelpauken oder Stichwortwissen à la Günter Jauch verwechseln. Lernen meint ja grundsätzlich: Ich bin jetzt woanders als zuvor. Mein Wissen ist mehr geworden. Mein Horizont hat sich erweitert. Meine Sichtweise hat sich geändert. Mein Empfinden hat sich vertieft. Meine Kompetenz hat sich entwickelt. Mein Verhalten ist ein anderes geworden. Kurz: Bildung ist Wissensbereicherung *und* Verhaltensänderung.

In der Bibel werden wir das *Wort* „Bildung" vergeblich suchen. Auch immer wieder begegnende Wortakrobatiken, die den kirchlichen Bildungsauftrag irgendwie mit der Gottesebenbildlichkeit der Schöpfungsgeschichte in Verbindung zu bringen versuchen, sind reine Phantasie. Doch der *Sache* nach werden wir in der Bibel, was Bildung angeht, durchaus fündig. Aufnehmen, was andere zu sagen haben, Neues erfahren, sich andere Sichtweisen zu eigen machen, sich auf den Weg machen, das bisherige Verhalten ändern: All diese Vorgänge begegnen in der Bibel nicht gerade selten.

Ein Beispiel. Im Alten Testament wird davon berichtet, wie der große König David sich in die Frau eines untergebenen Offiziers verguckt. Er lässt sie zu sich kommen und „wohnt ihr", wie es heißt, „bei". Die Frau wird schwanger. Eine peinliche Situation für einen Promi. Lange vor Boris Becker oder Horst Seehofer. David versucht dieser Situation so zu entkommen, dass er in Ausnutzung seiner königlichen Macht den Offizier an die Front stellt, wo er bald fällt. Das Problem scheint auf schlanke Weise entsorgt. Kurze Zeit später allerdings erscheint der Prophet Nathan im Auftrag Gottes vor dem König und erzählt ihm eine Geschichte, in der ein reicher Mann sich aus reiner Habgier an dem geringen Besitz eines armen Mannes vergreift. David gerät über diese Geschichte in helle Empörung und ruft aufgebracht: „Der Mann ist ein Kind des Todes, der das getan hat!" Nathans trockene Antwort: „Du bist der Mann!" (2. Samuel 12,7). David – in Erkenntnis seiner selbst – tut daraufhin Buße.

Eine aufwühlende Geschichte über Machtmissbrauch, Gewalt und schwere Schuld. Aber auch eine Geschichte, die etwas über das biblische Bildungsverständnis enthält. Es genügt nicht, irgendetwas nur zu wissen, so wie David Nathans Erzählung vom reichen und armen Mann zunächst einmal zur Kenntnis nimmt. Im Hören dieser Erzählung gewinnt er eine völlig neue Perspektive seines eigenen Handelns. Nathan vollzieht hier eine Bildungsarbeit, wie man sie sich nur wünschen kann: Da wird etwas zur Kenntnis gegeben. Da vollzieht sich ein Perspektivenwechsel. Da kommt es zu einer Haltungs- und Verhaltensänderung. Bildung vom Feinsten.

Zahlreiche ähnliche Beispiele ließen sich unschwer finden. Dabei geht es in den biblischen Bildungsvorgängen nie um eine bloße Wissensweitergabe, sondern immer zugleich um eine neue Lebensperspektive. Und zwar um eine solche, die etwas mit *Gott* zu tun hat. Aufnehmen, was andere zu sagen haben, Horizonterweiterung, Perspektivenwechsel, Bereitschaft zur Veränderung – all das geschieht dort grundsätzlich um *Gottes* willen. Bei den Erzählungen, die von Generation zu Generation weiterzugeben sind, geht es ja nicht um „Dönekes" aus der guten alten Zeit, sondern um die großen befreienden Taten Gottes und um seine Verheißungen. Darin tun sich für die Menschen der Bibel in der Tat neue Horizonte und Perspektiven auf. Und mit diesen werden sie dann auch bereit, ihr Leben im Sinne des Evangeliums auszurichten und gegebenenfalls auch zu ändern.

Im Sinne des Evangeliums! Der erkennbare Bezug zur Botschaft der Bibel ist das einzig plausible Kriterium, das das Bildungsangebot einer Kirchengemeinde von dem einer Volkshochschule unterscheidet. Das heißt nicht, dass alles und jedes, was in den Gemeinden an Bildungsarbeit geschieht, mit einem flotten Bibelspruch unterfüttert oder mit einem frommen Augenaufschlag begleitet sein muss. „Im Sinne des Evangeliums" heißt vielmehr: eine kirchliche Bildungsmaßnahme von der Botschaft des Evangeliums her für jedermann nachvollziehbar *begründen* können. Jede Waldorfschule begründet ihren Eurythmieunterricht offen und selbstbewusst mit

Steinerschem Gedankengut. Jede Partei leitet ihre politischen Entscheidungen für jeden nachlesbar aus ihrem Grundsatzprogramm ab. Warum sollte eine evangelische Gemeinde nicht zu sagen wissen, weshalb sie einen Computerkurs für Migrantenkinder anbietet oder sich mit der Wasserwirtschaft am Niederrhein beschäftigt?

Die Kirche muss sich mit ihren vielen qualitätshaltigen Bildungsangeboten, mit denen sie auch „Kirche für andere" ist, wahrlich nicht verstecken. Ob sie alle immer dem Auftrag des Evangeliums entsprechen, wird man im Einzelnen zu prüfen haben. Was sie in jedem Falle der Öffentlichkeit schuldig ist: deutlich zu machen, *weshalb* sie genau dieses und nichts anderes in ihrer Bildungsarbeit vertritt. Das bekannte Wort von Altbischof Wolfgang Huber, wonach da, wo „evangelisch" draufstehe, auch „evangelisch" drin sein müsse, muss am Ende also umgekehrt werden: Wo „evangelisch" drin ist, muss endlich auch einmal „evangelisch" draufstehen. D. h. eine Gemeinde muss *benennen* können, was ihr Bildungsangebot mit dem Evangelium zu tun hat.

Dazu muss man das Evangelium allerdings *kennen*. Und gelegentlich einfach die Bibel aufschlagen. Aber so weit waren wir ja schon einmal.

4. „Sucht der Stadt Bestes!"

Soll sich die Kirche in die Politik einmischen? Da gehen die Meinungen – auch unter Christen – weit auseinander.

Die einen winken rasch ab. Glaube und Politik, das sei doch zweierlei. Heiße es nicht schon in der Bibel: „Gebt dem Kaiser, was des Kaisers ist, und Gott, was Gottes ist" (Matthäus 22,21)? Kirche solle sich um die persönlichen Dinge, um das Seelenheil des Menschen kümmern. Habe nicht Christus selbst gesagt: „Mein Reich ist nicht von dieser Welt" (Johannes 18,36)?

Andere Christen, etwa in den Basisgemeinden der sogenannten „Dritten Welt", sagen genau umgekehrt: Der Glaube sei die Quelle, aus der sie immer wieder neu Mut schöpften zum Widerstand, auch zum politischen Kampf für soziale Gerechtigkeit, für Demokratie und Menschenrechte.

Wieder andere Christen vertreten die Auffassung, die Kirche stehe vor allem für ein bestimmtes „Menschenbild" oder für bestimmte „Werte", die es in gesellschaftliche Entwicklungen umzusetzen gelte. Mit dieser Absicht gehen sie in politische Gruppierungen, Gewerkschaften oder andere bürgerschaftliche Initiativen. Manchmal wird dann sogar eine Partei mit einem „C" daraus.

Andere gestehen der Kirche wohl zu, sich *allgemein* politisch zu äußern, aber ja nicht *partei*politisch. Man erinnere sich doch mit Grausen an Wahlkämpfe vergangener Jahrzehnte, in denen „von der Kanzel herunter" bestimmte Empfehlungen erteilt wurden, wo das Kreuzchen zu machen sei.

Schließlich hören wir immer wieder auch von höchsten kirchlichen Stellen – etwa dem Rat der Evangelischen Kirche in Deutschland oder der Deutschen Bischofskonferenz – zum Teil sehr deutliche und direkte Verlautbarungen zu gesellschaftlichen und politischen Fragen, etwa wenn es um Krieg und Frieden oder um soziale Gerechtigkeit oder auch nur um die Neuregelung der Ladenöffnungszeiten geht.

Was ist nun richtig? Wie soll sich die Kirche hier grundsätzlich verhalten? Und wie der einzelne Christ in ihr? Sich besser raushalten oder sich lieber einmischen? Gibt es überhaupt so etwas wie eine politische Verantwortung der Christen?

Wenn wir als evangelische Christenmenschen in dieser Sache die Bibel befragen, so sind wir zunächst einmal mit der Schwierigkeit konfrontiert, dass sich einem die politischen Hintergründe und Zusammenhänge vieler Texte nicht auf den ersten Blick erschließen. Vielleicht haben wir uns auch zu sehr daran gewöhnt, die Bibel von vornherein mit „frommen" Augen zu lesen. Erinnern wir uns nur noch einmal an den Lobgesang der Maria (Lukas 1). Ein weihnachtliches, ein frommes Lied, in dem aber bei Lichte besehen sehr unmissverständliche politische Aussagen gemacht werden. Und bei denen wir keinen Anlass haben, sie „nur im übertragenen Sinne" zu verstehen:

„Er stößt die Gewaltigen vom Thron
und erhebt die Niedrigen.
Die Hungrigen füllt er mit Gütern
und lässt die Reichen leer ausgehen."

An einem anderen biblischen Text, den wir im 30. Kapitel des Jesajabuches finden, mag das noch deutlicher werden. Wir befinden uns im 8. Jahrhundert vor Christus. Von dem ehemaligen Großreich des Königs David ist nur ein kleiner Rest übrig geblieben: der Staat Juda. Doch die Lage ist gar nicht so schlecht. Das hängt damit zusammen, dass sich die umgebenden Großmächte – Assyrien, Babylonien und Ägypten – gegenseitig in Schach halten, sich gewissermaßen in einem machtpolitischen Patt befinden. So wie wir das etwa aus den Zeiten des Kalten Krieges kennen. Juda, der kleine verbliebene Rest im Windschatten dieser Großmächte, pflegt eine maßvolle Politik der Vernunft und der Neutralität, was ihm immerhin ein relatives Unbehelligtsein und leidliches Wohlergehen verschafft.

Das ändert sich schlagartig mit dem Tod des Assyrerkönigs Sargon. Die bislang immerhin irgendwie funktionierende Balance zwischen den Großmächten bekommt mit einem Mal einen Knick. Innenpolitische Unsicherheiten werden gerne von anderen ausgenutzt. So auch der judäische König Hiskia. Er wittert durch die neu eingetretene Lage Morgenluft und ändert sofort seine Politik. Statt sich mit der bislang geübten Neutralität zu begnügen, liebäugelt er nun mit einem militärischen Bündnis mit Ägypten, um gemeinsam gegen Assyrien vorzugehen. An die Stelle einer Politik des Augenmaßes tritt nun eine Politik des Säbelrasselns und der Großmannssucht. An die Stelle der Vernunft der chauvinistische Traum, zu alter militärischer Stärke und nationaler Herrlichkeit zurückzukehren.

In dieser Situation geht der Prophet Jesaja zum König Hiskia und sagt: „So spricht Gott der Herr, der Heilige Israels: Wenn ihr umkehrtet und stille bliebet, so würde euch geholfen; durch Stillesein und Hoffen würdet ihr stark sein." (30,15) Kennten wir den Hintergrund nicht, so könnten wir diese Worte leicht missverstehen. „Umkehr", „Stillesein", „Hoffen" – das klingt auf den ersten Blick nach einer allgemeinen Aufforderung zum Mundhalten und Kuschen, zum Sich-Raushalten und Anpassen. Doch in *Kenntnis* der damaligen politischen Verhältnisse, die wir dem Propheten wohl unterstellen dürfen, bekommen seine Worte mit einem Mal einen ganz anderen Klang. Werden sie mit einem Mal zu einer deutlichen Aufforderung an den Machtpolitiker: Kehr ab von der Politik des Säbelrasselns und dem Gepolter der nationalen Propaganda!

Nun könnte man einwenden, Jesaja habe hier nur seine persönliche politische Meinung kundgetan. Aber das lässt der Text nicht zu. Er beginnt ja mit den Worten: „So spricht Gott der Herr, der Heilige Israels." Jesajas Privatmeinung kennen wir gar nicht. Wie überhaupt die Bibel an Privatmeinungen relativ uninteressiert ist.

Jesaja mischt sich in die Politik vielmehr im Namen und im Auftrag *Gottes* ein, dem es offensichtlich nicht egal ist, wie es auf seiner Erde zugeht. Warum? Ganz einfach, weil es nun einmal *seine* Welt ist. „Die Erde ist des *Herrn* und was darinnen ist", heißt es in Psalm 24.

Immerhin ist damit ein erster Bezugspunkt gewonnen, wenn es darum geht, eben auch in politischer Hinsicht „Kirche für andere" zu sein. „Sucht der Stadt Bestes!", ruft der Prophet Jeremia sogar den im babylonischen Exil befindlichen Seinen zu (Jeremia 29,7). Zieht euch nicht in fromme Wagenburgen zurück! Kümmert euch auch dort in der Fremde um die Belange der Menschen! Auch Babylon, die Stadt, in der es jetzt für euch vielleicht sehr schwierig ist zu leben, steht ja in Gottes Welt. Kann euch also nicht egal sein. Deshalb: Mischt euch ein! Wirkt und arbeitet so, dass es nicht nur für euch, sondern auch für die Gesellschaft im Ganzen segensreich ist! Sucht der Stadt Bestes!

Ziehen wir ein erstes Fazit, so werden wir vor allem der Meinung zu wehren haben, Glaube habe gar nichts mit Politik zu tun. Christen sollten sich da doch besser heraushalten, und Kirche habe sich tunlichst auf die persönlichen Bereiche des Lebens zu beschränken. Die biblischen Texte kennen eine solche grundsätzliche Beschränkung jedenfalls nicht. Andernfalls würde man ja so tun, „als gäbe es Bereiche unseres Lebens, in denen wir nicht Jesus Christus, sondern anderen Herren zu eigen wären", wie es die Barmer Theologische Erklärung von 1934 formuliert. Der Glaube hat also grundsätzlich auch eine politische Verantwortung.

Aber Vorsicht! Bevor man sich in seinem politischen Engagement zu rasch auf „Gott" beruft, gilt es überaus sorgsam zu prüfen, ob es sich dabei wirklich um den Gott des Evangeliums handelt, also den

Gott, der auf der Seite der Schwachen steht, oder am Ende nicht vielmehr um den selbstgemachten Götzen unserer eigenen politischen Interessen. Zu häufig wurde in der Geschichte der Christenheit der liebe Gott auf die Fahnen geschrieben und anschließend zu schrecklichen Taten missbraucht. Die „Gott-mit-uns"-Koppelschlösser aus den letzten beiden Weltkriegen sind noch nicht vergessen. Gerade wenn sich die Kirche „um Gottes willen" in die öffentlichen und politischen Belange des Gemeinwesens einmischt, kommt sie um eine überaus gewissenhafte Prüfung ihrer Motive jeweils nicht herum.

Paulus jedenfalls fordert mehr als einmal auf, zu „*prüfen*, was der Wille Gottes ist" (Römer 12,2). Ohne das geht es im politischen Engagement der Kirche nicht. Das mag manchmal sehr mühsam sein und manchmal vielleicht auch nicht ohne Ringen um die rechte Erkenntnis, nicht ohne sachliche Auseinandersetzung oder ohne harten geschwisterlichen Streit abgehen. Doch wo steht geschrieben, dass ein verantwortliches Christsein immer einfach und harmonisch zu sein hat?

5. Anders als anderswo

Indem die Evangelische Kirche – noch einmal mit Dietrich Bonhoeffer gesprochen – nur Kirche ist, „wenn sie für andere da ist", wenn sie also „an den weltlichen Aufgaben des menschlichen Gemeinschaftslebens teilnimmt", wird sie weder ihre Diakonie noch ihre Bildungsarbeit noch ihr jeweiliges politisches Engagement als beliebig, sondern als *notwendig* betrachten. In diesem Sinne hat der ehemalige Bundespräsident Johannes Rau seiner Kirche ins Stammbuch geschrieben, sie solle sich doch bitte „*einmischen* in das Geschehen dieser Welt". Und wir fügen hinzu: Ob der Welt das nun passt oder nicht. Es hieße nämlich, die Welt in sträflicher Weise sich selbst überlassen, wollte sich die Kirche hier grundsätzlich heraushalten. In der rheinischen Kirchenordnung heißt es: Die Kirche „nimmt den ihr aufgetragenen Dienst im öffentlichen Leben wahr. Sie tritt ein für die Beachtung der Gebote Gottes, für Gerechtigkeit, Frieden und Bewahrung der Schöpfung." Well roared, lion.

„Kirche für andere" kann die Kirche aber nur dann überzeugend sein, wenn es in ihr selbst „anders" zugeht als anderswo. Das ist ja das Vorzeichen, unter dem sie in die Welt gesandt ist. „Ihr wisst", sagt Jesus, „dass die Herrscher ihre Völker niederhalten und die Mächtigen ihnen Gewalt antun. So soll es *nicht* sein unter euch" (Matthäus 20,25f). Und Paulus ermahnt die christliche Gemeinde: „Stellt euch *nicht* dieser Welt gleich!" (Römer 12,2). Würde es in der Kirche nicht prinzipiell anders zugehen als anderswo, dann wäre ihr Sich-Einmischen, ihr „Kirche-für-andere-Sein" nicht mehr als eine überflüssige Verdoppelung dessen, was ohnehin in der Welt geschieht. Ihre Diakonie also nur eine soziale Dienstleistung unter anderen. Ihr Bildungsangebot nur eine weitere Volkshochschule unter anderen. Ihr politisches Engagement nur ein Lobbyismus unter anderen. Aber: So soll es ja gerade *nicht* unter uns sein. Von den frühen christlichen Gemeinden wird berichtet, dass ihre größten missionarischen „Erfolge" darauf beruhten, dass ihrer Umwelt einfach aufgefallen war, dass es in ihnen eben anders als anderswo zuging, nämlich dass unter ihnen „*nicht* Jude oder Grieche, Sklave oder Freier, Mann oder Frau" war.

Von daher ist schließlich zu fragen, ob eine solche Kirche nicht am Ende sogar etwas *Modellhaftes* haben könnte. Die Kirche ist ja keine religiöse Wagenburg, in der eine introvertierte Frömmigkeit bzw. ein bürgerliches Privatchristentum gepflegt wird. Die Kirche hat ja einen Auftrag an die *Welt*. „Gehet hin in alle Welt und predigt das Evangelium aller Kreatur!" Eine evangelische, also eine dem Evangelium verpflichtete Kirche hätte demnach Ausstrahlung und Relevanz nach außen, ja – nennen wir das umstrittene Wort beim Namen – auch *Vorbildfunktion* zu haben. Karl Barth hat die Existenz der Christengemeinde in diesem Zusammenhang als geradezu *„exemplarisch"* für die von ihm sogenannte „Bürgergemeinde" beschrieben: Beispiel und Vorbild für eine prinzipiell andere, menschenfreundliche und lebensdienliche Gesellschaft, die möglich ist.

Nötig hätte unsere Welt eine solche Kirche allemal.

VII. Evangelisch und Humor – eine Zugabe

1. Hauptsache locker?

„Katholisch oder evangelisch?" „Evangelisch." „Na, dann geht's ja noch." Meine früheren Trampgespräche haben sich im Laufe meines Lebens in dieser oder ähnlicher Weise noch oft wiederholt. In der öffentlichen Wahrnehmung gilt „evangelisch" weithin als das kleinere Übel. Vor allem, weil man hier „alles nicht so eng sieht". Die Evangelische Kirche wäre keine Kirche von Menschen aus Fleisch und Blut, wenn ihr solche Außenwahrnehmung nicht schmeicheln würde. Wer will sich schon gerne nachsagen lassen, er sei verknöchert, moralinsauer, verklemmt, eng im Denken, zwanghaft und humorlos?

Jedenfalls fällt doch auf, dass man gerade in der Evangelischen Kirche seit einigen Jahren überaus eifrig darum bemüht ist, den Eindruck des Kirchenmiefs und Gestrigen gar nicht erst aufkommen zu lassen. Junge Theologen stellen sich gerne der neuen Gemeinde mit der Ankündigung vor, mit ihnen solle alles ein bisschen lockerer zugehen, nicht so steif und gezwungen. Überall schießen inzwischen Gottesdienste wie Pilze aus dem Boden, in denen es „anders als üblich", „nicht wie sonst", vielmehr heiter, ausgelassen oder gar „eventmäßig" zugehen soll. Was einmal „Kindergottesdienst" war, heißt heute „Kesse Kirche": „Wir feiern, singen, spielen, basteln und haben viel Spaß zusammen." Kaum ein Gemeindebrief, der meint, ohne ein paar lustige Karikaturen auskommen zu können. Eine ganze Titelflut von heiteren religiösen Schmunzel- und Geschenkbändchen tut ein Übriges: „Fröhlich soll die Pfarrfrau springen", „Auf den Talar getreten" oder „Im Handstand durchs Kirchenschiff". Das monatliche Mitteilungsblättchen einer evangelischen Kirchengemeinde schließt regelmäßig mit einem „Witz des Monats" etwa der Qualität: Der kleine Michael beichtet: „Ich habe begehrt meines Nachbarn Weib." Der Pfarrer schluckt: „Wie bitte?" „Jawohl", wiederholt der Kleine, „sie kocht einfach besser als meine Mutter."

„Hauptsache locker" – das scheint zum neuen Credo einer Kirche zu werden, die aus irgendeinem Grund ihr eigenes öffentliches Erscheinungsbild stört. In einer norddeutschen Kirchenzeitung lesen wir die Gedanken eines jungen Pastors: „Gott ist locker – diese Zusage tut mir gut. Gott hat Humor, Gott kann fünfe grade sein lassen, Gott hat Geduld und Nachsicht – auch mit mir. Warum sollte ich nicht gelöster mit mir und anderen umgehen?" Und weiter: „Ich denke, wir können noch viel weiter gehen auf dem Weg zu einer wirklich lockeren, gelösten, erlösten Frömmigkeit." Lockerheit als Erlösung.

„Hauptsache locker" – nach Jahrhunderten einer Kirche des Ernstes soll es nun offenbar genau andersherum gehen: Lockerheit, Leichtigkeit, Spaß als angemessene Methode, um in Zeiten der Spaßgesellschaft die Sache den Kirche besser rüberzubringen. Viele der Jugendlichen, die etwa an den Kirchentagen teilnehmen, antworten auf die Frage nach dem Grund ihres Hierseins schlicht mit den Worten: „Es macht halt Spaß."

In dem Zusammenhang ist zu beobachten, dass unter evangelischen Pfarrerinnen und Pfarrern das Interesse an theologischen Inhalten und sachlichen Auseinandersetzungen merklich abnimmt zugunsten eines gesteigerten Interesses an einer möglichst attraktiven, „flockigen", eben mehr lockeren *Darstellung* des Evangeliums. *Methoden* sind gefragt, Ideen, wie man etwas „machen" kann, wie etwas besser „rüberkommt". Leicht verständliche Bilder und Symbole sollen einer „bloß verbalen", trockenen Verkündigung aufhelfen: ein Regenschirm, ein dürres Blatt („manchmal fühle ich mich wie ..."), ein Fußball, ein Reißverschluss. Show-Elemente halten Einzug: Begrüßung à la Prime Time, Talk am Altar, Interviews mit dem Publikum, Beamer und Powerpoint. „Hauptsache locker".

Kirche als Spaßfaktor in Zeiten einer Spaßgesellschaft – das scheint plausibel. Aber plausibel nach welcher Logik? Könnte es sein, dass wir mit dem neuen Spaßfaktor Kirche bereits in eine Falle getappt sind? In die Falle eines allgemeinen Marktgesetzes, wonach sich eine Ware besser verkauft, wenn sie einem bestimmten Bedarf entspricht. In diesem Fall eben dem Bedarf nach Unterhaltung, nach Vergnügen, nach „Spaß ohne Ende". Es wird seinen Grund haben, wenn die privaten Fernsehsender die besten Sendezeiten mit Comedy zuschütten. Es wird auch seinen Grund gehabt haben, wenn seinerzeit etwa ein Thomas Gottschalk zwei Tage nach Entfesselung des Irak-Krieges keinen Anlass sah, seine „Wetten-dass"-Sendung abzublasen. Wenn Kinder sich fürchten, so seine Begründung, lasse man doch auch das Licht an. Also fand er es richtig, „dass wir heute das Licht anlassen". Donnernder Applaus. Die Quote war gerettet. The show must go on – egal, ob Tausende sterben. Man muss nicht gleich die lustigen Verdrängungsfilmchen à la Heinz Rühmann und Ilse Werner während der letzten Phase des II. Weltkriegs bemühen, um hier an eine Gefahr, die dem Humor doch immerhin auch innewohnt, zu erinnern.

Für den evangelischen Glauben öffnet sich hier eine ungute Alternative. Auf der einen Seite eine freudlos-muffige Kirche vergangener

Zeiten, die mit Recht niemand mehr will. Auf der anderen Seite eine auf Deubelkommraus locker-flockig-spaßig daherkommende Kirche, die den allgemeinen Marktgesetzen bereits auf den Leim gegangen zu sein scheint. Gibt es eine *biblische* Orientierung? Gewiss, die Bibel ist kein Handlexikon, das uns nach Bedarf zu Diensten ist. Wir werden dort kein eigenes Kapitel zum Thema „Humor" vorfinden. So wie sie auch sonst zu manchen Themen, die uns beschäftigen, keine bündigen Nachschlageartikel bietet. Die Bibel ist vielmehr ein vielfältiges Zeugnis des Glaubens. Wer sich allerdings die Mühe macht, sich auf dieses Zeugnis in Ruhe einzulassen, wird möglicherweise auf Spuren stoßen, die auch für unsere Frage nach „Glaube und Humor" wegweisend sein können.

2. „Narren um Christi willen"

Eine solche Spur kann man z. B. in der berühmten Geschichte vom Verlorenen Sohn wahrnehmen (Lukas 15,11–32). Wir kennen sie: Ein jüngerer Sohn lässt sich vor der Zeit sein Erbe auszahlen. Er verlässt sein Elternhaus und zieht in die Fremde. Dort verprasst er in kurzer Zeit sein Vermögen mit falschen Freunden und Dirnen und landet schließlich in der Gosse. Reumütig kehrt er heim und wird dort voller Freude vom Vater empfangen. Die Geschichte endet vorläufig mit den Worten: „Und sie fingen an, fröhlich zu sein." Man kann fragen: warum?

Offensichtlich deshalb, weil der Hauptperson in dieser Geschichte etwas ganz Ungewöhnliches, Unerwartetes – sollen wir sagen: Komisches? – widerfährt: Er, der Lebensuntüchtige, der Verschwenderische, der sozial Heruntergekommene, ein Loser-Typ wie aus einem Undergroundroman, er also, der Versager, der Abgestürzte, der Geächtete – er findet sich mit einem Mal als der Geachtete, der Geehrte, der Gefeierte wieder. Ein Kontrast, der offenbar als so krass – sollen wir sagen: als so komisch? – empfunden wird, dass die beteiligten Personen gar nicht anders können, als fröhlich zu sein, als zu lachen, als ausgelassen zu feiern.

Es scheint, als hätten wir hier eine kleine, aber feine Spur für unsere Frage nach „Glaube und Humor" aufgenommen. Das finden wir nämlich häufig in der Bibel, dass Menschen, indem sie von ihrem bisherigen Leben, von ihrem Fixiertsein auf irgendeine Situation, auf irgendeine Rolle, auf irgendein Schicksal oder Unglück loskommen, dass ihr Leben mit einem Mal einen anderen Grundton bekommt, einen leichteren, fröhlicheren, getrosteren, einen nicht mehr alles so tragisch nehmenden, einen geradezu humorvollen, ja, lachenden.

Von Abraham und Sara z. B. wird berichtet, dass sie, die beiden Hochbetagten, nachdem sie erfahren hatten, noch einen Sohn zu bekommen, in schallendes Gelächter ausgebrochen seien (1. Mose 17,17; 18,12). Es ist offenbar so: Wo Gott etwas Neues, Unerwartetes, das Bisherige auf den Kopf Stellendes schafft, da kann man eigentlich nur noch mit Humor reagieren. „Wo der Glaube ist, da ist auch Lachen", lesen wir bei Martin Luther. Insofern kann man sagen, dass der Humor nicht nur eine zufällige Begleiterscheinung des Glaubens ist, sondern geradezu eine *notwendige* und unverzichtbare Seite desselben, so dass umgekehrt Humor*losigkeit* – pointiert mit Karl Barth zu sprechen – geradezu „auch eine Art der Verleugnung Gottes" sein kann. Wenn wir Humor nur nicht gleich wieder als billiges Narkotikum verstehen wollten, um von den Problemen, die uns umgeben, abzulenken. Als Betäuberchen, um die täglichen Horrormeldungen erträglicher zu machen. Glaubenshumor wäre also ein solcher, der das Schwere, das Leid, das Traurige nicht *verdrängen* müsste, sondern zu *tragen* imstande wäre. „In dir ist Freude *in* allem Leide …", heißt es in einem alten Kirchenchoral.

Der Humor des Glaubens hat ja einen ganz anderen Grund, einen ganz anderen Bezugspunkt. „Wir sind Narren um Christi willen", sagt Paulus (1. Korinther 4,10). Um *Christi* willen. Das heißt, wir haben von *woanders* her eine neue Perspektive, den Dingen des Lebens zu begegnen. Wir haben von woanders her eine heilsame Distanz zur Welt, zu anderen und nicht zuletzt zu uns selbst, die wir uns so schrecklich ernst nehmen zu müssen meinen. Karl Barth hat deshalb den Humor des Glaubens als das „Gegenteil von aller Selbstbestaunung und Selbstbelobigung" bezeichnet: „Humor bedeutet ein gewisses letztes Nicht-Ernstnehmen der Gegenwart, nicht weil sie an sich nicht ernst genug wäre, aber weil die in die Gegenwart hineinragende Zukunft Gottes noch ernster ist."

Wir sind „*Narren* um Christi willen", sagt Paulus. Seit alters haben Narren den Mächtigen – ohne Rücksicht auf die eigene Person – den Spiegel vorgehalten: humorvoll, aber mitunter auch beißend und treffsicher. Das wäre ja noch nicht die schlechteste Art von Glaubenshumor, die die christliche Zivilcourage besäße und den heute Mächtigen spitz und treffend den Spiegel vorhielte, statt sich zum willfährigen Erfüllungsgehilfen einer übermächtigen Vergnügungsindustrie machen zu lassen. Ein Humor freilich, der aus einer anderen Tiefe als irgendeiner billigen Comedy-Serie lebte.

3. Heilsame Entlarvung

Humor ist, wenn man trotzdem lacht. So hat man es uns irgendwann einmal beigebracht. Trotzdem? Trotz wem? Es hat allen Anschein, als habe der Humor, mit dem uns vor allem der mediale Markt überschüttet, eine Menge von diesem Trotz, von dieser ihm eigenen Widerborstigkeit, von seinem von Hause aus – wenn man so will – „herrschaftskritischen" Wesen eingebüßt. Als sei er zum bloßen ablenkenden Spaß geronnen und bediene nur noch die Quote. Der wahre Humor, zumindest der wahre *Glaubens*humor hat aber einen ganz anderen, eben gerade nicht angepassten und je nach Bedarf zu instrumentalisierenden Charakter, eine andere, brisantere gesellschaftliche Bedeutung als die des bloßen Pausenclowns.

Von sich selbst einmal absehen, Distanz zu einer vorhandenen Situation einnehmen, auf die Möglichkeit einer grundsätzlich anderen Perspektive verweisen – das ist allemal der Stoff, aus dem der potentielle Widerstand ist. Der Widerstand gegen Verhältnisse, die uns als angeblich unabänderlich verkauft werden: ob Arbeitslosigkeit, Umweltzerstörung oder steigende Gewaltbereitschaft. Und am Ende der Krieg als lästige Beeinträchtigung der Samstagabendunterhaltung. Die Mächtigen aber fürchten nichts mehr als die Infragestellung der vorhandenen Verhältnisse, nichts mehr als den Trotz. Humor aber ist, wir erinnern uns, wenn man trotzdem lacht.

Gerade der Glaubenshumor könnte hier Widersprüche aufdecken, Scheinautoritäten demaskieren, politische und wirtschaftliche Götter heilsam vom Sockel holen. Sicher wäre ein solcher Humor noch nicht die große Vision, die nottäte. Noch nicht „der neue Himmel und die neue Erde", die das Evangelium verheißt (Offenbarung 21,1). Noch nicht die endgültige Erlösung, wo „unser Mund voll Lachens sein wird" (Psalm 126,2). Aber er könnte die Möglichkeit, dass da noch etwas aussteht, für das es sich zu beten und zu kämpfen lohnt, für einen lachenden Moment offenhalten. Immerhin.

Wie hieß es noch bei Franz Josef Degenhardt? „Da treten sie zum Kirchgang an … und dann kommen sie zurück mit dem gleichen bösen Blick." Nein. So muss es für einen evangelischen Christenmenschen doch gar nicht sein. Dann kommen sie zurück mit einem *anderen* Blick, mit einem fröhlichen und lachenden und durch und durch humorvollen. Und weil sie mit diesem anderen Blick die Welt, den Alltag und die vielen kleinen und großen Probleme jetzt anders zu sehen in der Lage sind, sind sie dann auch nicht mehr bereit, irgendetwas hinzunehmen, nur weil irgendein globaler Amüsierbetrieb es so will. Über solch einen Möchte-gern-Gott werden Narren und Närrinnen um Christi willen in der Tat nur noch lachen können. So wie Gott selbst derer „lachet" und „spottet" (Psalm 2,4), die sich in jämmerlicher Weise auf irdischen Thronen und Sockeln zu verewigen suchen.

Damit wäre dann vielleicht auch einem evangelischen *Kirchenkabarett* die Richtung gewiesen. Hier gibt es bekanntlich sehr verschiedene Ansätze. Auch solche mit einem durchaus „verkündigenden" Anspruch, um die Botschaft des Glaubens nun eben auf humorvolle Weise „rüberzubringen" und die Sache der Kirche eben auch einmal spaßig und unterhaltsam zu verkaufen. Gar am Ende als schlanke Methode, um auch den Glauben auf dem Markt der Unterhaltung als attraktive Ware feilzubieten. Wir erinnern uns: Religion soll ja seit Neuestem vor allem Spaß machen. Christsein als unterhaltsame, spaßige Ablenkung von den Problemen der Welt – das wäre indes genau jenes verwerfliche „Opium", das Karl Marx bekanntlich und zu Recht gegeißelt hat.

Aber Kabarett ist nicht Verkündigung. Kabarett, auch Kirchenkabarett, hat vielmehr allererst die Aufgabe zu enttarnen, zu demaskieren, im wahrsten Sinne des Wortes „vorzuführen". Und zwar genau das, was sich selbst mit Vorliebe zu tarnen, zu maskieren und zu vermummen sucht: das Unehrliche, das Scheinheilige, das Wichtigtuende, das Spießige, das Kleinkarierte, das politisch Korrekte, das Selbstgerechte, das Unaufrichtige. Ob innerhalb oder außerhalb des Glaubens, innerhalb oder außerhalb der Kirche. Gerade weil ein Kirchenkabarett um eine grundsätzlich andere Perspektive weiß,

Leben aus dem Einen!

Dieser „Klassiker" des reformierten Glaubens ist zeitlos aktuell

Okko Herlyn gelingt es in seiner gut lesbaren Einführung, den Heidelberger Katechismus sowohl aus seiner Zeit heraus verständlich zu machen als auch gegenwartsbezogen, gemeindenah und gesellschaftskritisch auszulegen.

Okko Herlyn
Was nützt es dir?
Kleine Einführung in den Heidelberger Katechismus
gebunden, 111 Seiten, ISBN 978-3-7615-6027-3

kann es das übliche Eitle, Ehrsüchtige und Gierige vielleicht umso schärfer heilsam und humorvoll *entlarven*.

Das ist insofern nötig, weil sich das Abgründige ja oft gerade im Gemütvollen *verbirgt*. Das Bedrohliche sich ja nicht selten gerade im Betulichen *verkleidet*. Der Brandstifter steckt ja meist gerade im Biedermann. Der alltägliche Faschismus kommt ja in der Regel gerade nicht in dröhnenden Springerstiefeln daher, sondern sitzt neben uns in der S-Bahn, in der Kantine, auf dem Plüschsofa, vielleicht sogar in der Kirchenbank. Ihn vorzuführen ist vornehmste Aufgabe des Kabaretts. Auch und gerade des Kirchenkabaretts. Eine Form gesellschaftlichen Engagements, das nicht zuletzt in der politischen Verantwortung des Glaubens verankert ist. Kabarett ist nicht Verkündigung. Aber beide können durchaus produktive Partner sein. Alles zu seiner Zeit.

Dabei bedient sich das Kabarett natürlich der ihm eigenen Mittel der Ironie, der Satire und der Überzeichnung ins Groteske. Wer ins Kabarett geht, will mit Recht nicht in erster Linie belehrt, sondern vor allem amüsant unterhalten werden. Insofern treibt das Kabarett, auch das Kirchenkabarett, in gewisser Weise mit Entsetzen Scherz. Aber seine *Absicht* ist dabei nicht das Sich-Weiden am Entsetzen, sondern – noch einmal mit Karl Barth zu sprechen – „etwas Lösendes und Befreiendes". Seine Absicht ist, gerade im vielleicht auch schmerzhaften Aufdecken der Widersprüche eine andere Möglichkeit, eine andere, eine letztlich menschenfreundlichere Bestimmung der Wirklichkeit anzudeuten. Eine Ahnung, vielleicht, von dem, dass den Dingen dieser Welt „um Christi willen" doch wohl kein letzter und schon gar kein Bierernst zukommt.

Evangelisch zu sein macht zwar nicht immer und überall Spaß. Aber ganz ohne Humor ist ein menschenfreundlicher Protestantismus wohl nur schwer vorstellbar.